Meine neue
vegetarische
Küche

MARIA ELIA wurde das kulinarische Talent sozusagen in die Wiege gelegt: Sie wuchs in der Küche des Restaurants ihres griechisch-zyprio- tischen Vaters im Londoner Stadtteil Richmond auf und wusste von Kindesbeinen an, dass sie selbst einmal Profiköchin werden wollte.

Nach ihrer Ausbildung im *Grill Room* des legendären Londoner *Café Royal* führte Marias Liebe zum Kochen sie rund um die Welt. Sie arbeitete in Italien, Amerika und Australien, kochte einige Zeit in den spanischen Toprestaurants *elBulli* und *Arzak* und an der *Oriental Cooking School* in Bangkok. Die exotischen Aromen all dieser Regionen finden sich in Marias originellen Rezepten wieder, mit denen sie sich in ihren zehn Jahren als Küchenchefin des Londoner *Delfina Studio Café* zahlreiche Fans eroberte.

Maria Elia ist regelmäßig in der BBC- Kochsendung *Ready Steady Cook* zu Gast und wurde von der britischen Zeitung *Independent* als eins der zehn vielversprechendsten weiblichen Kochtalente eingestuft. Außerdem trat sie in den TV-Sendungen *Saturday Cooks* und *Daily Cooks* sowie in der BBC- Sendung *Food Poker* auf und schreibt für die Zeitschriften *Food and Travel, Olive* und *Waitrose Food Illustrated.*

Meine neue vegetarische Küche

Maria Elia

Fotos: Jonathan Gregson

Bassermann
Inspiration

ISBN: 978-3-572-08174-5

1. Auflage
© 2014 by Bassermann Inspiration, einem Unternehmen der
Verlagsgruppe Random House GmbH, 81673 München
© der Originalausgabe 2009 by Kyle Cathie Limited, London, unter
dem Titel „The Modern Vegetarian"

Dieses Buch ist bereits 2010 unter dem gleichen Titel bei
Bassermann Inspiration erschienen.

Text © 2009 Maria Elia
Design © 2009 Kyle Cathie Limited
Photography © 2009 Jonathan Gregson

Umschlaggestaltung: Atelier Versen, Bad Aibling
Realisation der deutschen Ausgabe: trans texas publishing, Köln
Übersetzung: Kathrin Jurgenowski, Köln; Inga Brita-Thiele, Köln
Lektorat: Şebnem Yavuz, Erpel
Projektleitung: Anja Halveland
Herstellung: Elke Cramer

Die Ratschläge in diesem Buch sind von der Autorin und vom
Verlag sorgfältig erwogen und geprüft, dennoch kann eine
Garantie nicht übernommen werden. Eine Haftung der Autorin
bzw. des Verlags und seiner Beauftragten für Personen-, Sach- und
Vermögensschäden ist ausgeschlossen.

Satz: trans texas publishing services GmbH, Köln
Druck: C&C Offset

Printed in China

Verlagsgruppe Random House FSC®N001967
Das für diesen Titel verwendete Papier ist FSC-zertifiziert.

643/08180110

Inhalt

Einleitung

Ich habe ein Buch verfasst, in dem Gemüse die Hauptrolle spielt, ein Buch voll sensationeller Aromen, Farben, Konsistenzen und Geschmackserlebnisse. Die Entscheidung, auf Fleisch und Fisch zu verzichten oder zumindest weniger davon zu essen, heißt ja nicht, dass man plötzlich seinen Geschmackssinn verliert! Ich finde, dass Vegetarier oft vernachlässigt werden. So gern ich Pilzrisotto oder Tomatensalat mit Mozzarella und Basilikum mag, ist es schon seltsam, dass viele Restaurants für Vegetarier sonst nichts zu bieten haben. Als Küchenchefin habe ich immer darauf geachtet, ansprechende vegetarische Gerichte auf die Speisekarte zu setzen. Viele davon sind in diesem Kochbuch zu finden, das ganz ohne Fleischimitate auskommt. Es soll nicht nur Vegetarier, sondern auch Freunde der Fleisch- und Fischküche inspirieren, die den guten Vorsatz haben, in Zukunft mehr Gemüse zu essen.

Ein Rezept ist viel mehr als nur eine Auflistung von Zutaten. Es geht darum, diese Zutaten zu einem harmonischen Ganzen zu kombinieren, damit ihre Aromen und Konsistenzen voll zur Geltung kommen, mal ganz pur und klar, mal höchst komplex. So holen etwa die Rezeptsammlungen mit Variationen zum Thema Erbsen, Rote Bete oder Kaffee die jeweiligen Zutaten aus ihrem gewöhnlichen „Fach" und demonstrieren, welche Vielfalt in ihnen steckt.

Reisen sind eine wichtige kulinarische Inspiration: Ich habe nicht nur in Italien, den USA, Australien und Spanien gearbeitet, sondern auch auf einer Privatjacht, die alle Weltmeere befuhr. Ich reise heute noch so oft, wie die Arbeit es erlaubt – immer in Länder, die neue Geschmackserlebnisse und neue Ideen zum Experimentieren versprechen. Im Laufe der Jahre sammelte ich Erfahrungen mit der französischen Sterneküche, griechischer und thailändischer Küche und allem, was dazwischenliegt. Heute lasse ich mich nicht mehr durch eine bestimmte Küche oder Kochtradition einengen, sondern gehe vielmehr meinen eigenen Weg. Dabei halte ich mich an eine ganz einfache Regel: Essen muss die Sinne ansprechen, es soll ebenso fantastisch aussehen wie schmecken.

Jede Jahreszeit bringt eine Fülle neuer Aromen mit sich, die in herzhaften und süßen Rezepten zelebriert werden können. Saisonprodukte schmecken besser und kosten weniger, sind reichlich verfügbar und überdies besonders nährstoffreich. Für mich gibt es nichts Aufregenderes als die erste Erdbeerernte. Die Bauernmärkte haben viel dazu beigetragen, uns die Bedeutung der verschiedenen Jahreszeiten wieder nahezubringen, doch wie viele Menschen gönnen sich die Freude, ihre Erdbeeren eigenhändig zu pflücken, statt sie im nächsten Supermarkt in genormten Plastikschalen zu kaufen? Wenn eine Obst- oder Gemüsesorte, die im Rezept vorgesehen ist, gerade keine Saison hat, kann man entweder ein anderes Rezept mit frischen Zutaten der jeweiligen Jahreszeit wählen oder die Zutat einfach durch eine saisonale ersetzen. Man muss nur den Mut entwickeln, kreativ zu denken. Bei vielen Rezepten in diesem Buch habe ich schon Vorschläge für alternative Zutaten beigefügt.

Kochen sollte Spaß machen und von Herzen kommen, die Sinne stimulieren und eine befriedigende Erfahrung sein. Alles lässt sich abwandeln; manchmal entstehen die besten Ergebnisse durch Improvisation. Die vorliegenden Rezepte sind einfach nur Bausteine, aus denen Sie sich Ihre eigene Sammlung von Lieblingsgerichten zusammenstellen können. Machen Sie sich also auf Ihre ganz persönliche kulinarische Reise und experimentieren Sie nach Lust und Laune. Fixieren Sie sich nicht zu sehr auf ein bestimmtes Resultat, sondern lassen Sie sich freudig überraschen, was dabei herauskommt.

Wenn Sie einfach entspannt draufloskochen, schmecken Ihre Kreationen umso besser!

Ein Hinweis in Sachen Käse:

Käse ist bei Vegetariern als wertvolle, eiweißreiche Fleischalternative beliebt. Man muss aber wissen, dass viele Käsesorten mit tierischen Zusatzstoffen wie Lab (einem Enzymgemisch aus dem Kälbermagen) hergestellt werden und somit nicht als strikt vegetarisch gelten können.

Aber glücklicherweise gibt es auch viele Käsesorten, die ohne Lab hergestellt werden; so sind etwa 65 Prozent der Schafskäsesorten wie Feta und Halloumi rein vegetarisch. Außerdem gibt es pflanzliche Ersatzstoffe für Lab, mit denen vegetarische Varianten von Parmesan, Gouda, Gorgonzola, Mozzarella und vielen anderen Käsesorten hergestellt werden. Diese Produkte werden normalerweise von Vegetarier-Organisationen befürwortet und sind speziell gekennzeichnet. Bei Rezepten mit Käse schlage ich jeweils eine Käsesorte vor, die Sie aber nach persönlichem Geschmack abwandeln können. Im Zweifelsfall studieren Sie das Käseetikett genau oder bitten die freundliche Bedienung an der Käsetheke um fachmännische Beratung.

VERFÜHRERISCHE
Vorspeisen

KAROTTENPUFFER MIT HUMMUS UND FETA-SALAT

Ideal als leichtes Mittagessen, Zwischenmahlzeit, Vorspeise oder Party-Kanapee, da sich die Puffer gut vorbereiten lassen. *Für 4 Personen.*

Für die Karottenpuffer

150 g Karotten, geraspelt

1 kleine Zwiebel, fein gehackt

2 frische grüne Chilis, entkernt und fein gehackt

2 TL Kreuzkümmelsamen

1 TL Fenchelsamen

2 TL gemahlener Koriander

2 EL frisch gehackter Koriander

1 TL Backpulver

100 g Kichererbsenmehl

50 g Grieß

2 TL Salz

150–200 ml Wasser

3 EL Olivenöl

Für das Hummus

200 g Karotten, geschält

4 EL Olivenöl

1 Prise Meersalz und frisch gemahlener schwarzer Pfeffer

200 g Kichererbsen, gekocht (oder aus der Dose)

1 Knoblauchzehe, fein gehackt

Saft von ½ Zitrone

2 EL Tahini

1 TL gemahlener Kreuzkümmel

Für den Salat

1 Bund Brunnenkresse, dicke Stiele entfernt

1 Orange, filetiert

1 Schale Shisosprossen (oder andere Sprossen)

1 Schale Koriandersprossen (oder Korianderblätter)

12 frisch zerzupfte Minzeblätter

50 g Alfalfasprossen

25 g Mandelblättchen, geröstet

1 Prise Zimt

50 g Feta, zerdrückt

Für das Dressing

25 ml Sherryessig

25 ml Wasser

2 EL natives Olivenöl extra

1 TL Dijon-Senf

1 Prise Zucker

1 Knoblauchzehe, zerdrückt

Den Backofen auf 200 °C vorheizen.

Alle Zutaten für die Karottenpuffer mit Ausnahme des Olivenöls zu einem dickflüssigen Teig verrühren. Das Öl in einer kleinen beschichteten Pfanne erhitzen. Ein Viertel der Teigmischung in die Pfanne geben und goldbraun braten. Mit dem übrigen Teig portionsweise wiederholen. Die Puffer auf einem Gitter abkühlen lassen.

Für das Hummus die Karotten in feine Scheiben schneiden, mit dem Olivenöl beträufeln, salzen und pfeffern. Auf ein Backblech legen und 20 Minuten im Ofen backen, bis sie weich sind. Im heißen Zustand mit den übrigen Hummus-Zutaten im Mixer zu einer glatten Paste verarbeiten, dabei eventuell etwas Wasser zufügen. Mit Salz und Pfeffer abschmecken und bis zum Servieren kühlen.

Alle Salatzutaten gut vermengen. Die Dressingzutaten verquirlen und mit Salz und Pfeffer abschmecken.

Vor dem Servieren die Karottenpuffer im Ofen erwärmen und auf Servierteller verteilen. Je eine Portion Hummus daraufgeben. Den Salat mit dem Sherry-Dressing anmachen und auf dem Hummus anrichten.

STEINPILZE MIT ROSMARIN

Steinpilze sind für mich die Könige des Pilzreichs – sie sind deftig, würzig, fleischig fest, samtig und unglaublich köstlich. Ich versuche, einmal im Jahr nach Italien zu reisen, um sie dort in Perfektion zu genießen. Die Steinpilzsaison dauert vom Sommer bis zum Herbst. Steinpilze schmecken zwar auch getrocknet, aber es geht nichts über frisch gesammelte. Wenn gerade keine Steinpilze zu haben sind, kann man sich mit einer möglichst interessanten Mischung aus Zucht- oder Wildpilzen behelfen.

Mit Röstbrot und *Bohnenpüree mit Trüffelöl* (s. Seite 151) sind sie ein köstliches leichtes Mittagessen oder eine anregende Vorspeise. *Für 4 Personen.*

600 g Steinpilze oder Mischpilze
3 EL natives Olivenöl extra
1 Knoblauchzehe, fein gehackt
2 frische Rosmarinzweige, Blätter fein gehackt

4 fein gehackte frische Salbeiblätter
Meersalz und schwarzer Pfeffer
1 EL Rotweinessig, vorzugsweise von Cabernet Sauvignon

Die Pilze mit einem feuchten Tuch säubern und in etwa 5 mm dicke Scheiben schneiden (sie sollten möglichst gleich dick sein, damit sie gleichmäßig garen).

Die Hälfte des Öls in einer großen Pfanne erhitzen. Etwa die Hälfte der Pilze in die Pfanne geben, sodass der Pfannenboden gerade bedeckt ist. (Wenn die Pfanne zu voll ist, sinkt die Temperatur, und die Pilze werden gedünstet statt gebraten. Das wäre ein Sakrileg!) 3 Minuten bei starker Hitze anbraten. Die Pfanne schwenken, um die Pilze zu wenden. Die Hälfte des Knoblauchs und der Kräuter sowie eine gute Prise Salz und Pfeffer zugeben und alles weitere 2 Minuten braten, bis die Pilze gut gebräunt und gar sind.

Die gebratenen Pilze beiseitestellen. Den Vorgang mit den übrigen Pilzen, Knoblauch und Kräutern wiederholen. Diese zweite Portion abschließend mit dem Rotweinessig ablöschen. Die Pilze mit der ersten Portion vermengen und mit den oben vorgeschlagenen Beilagen servieren.

Tipp Als Vorspeise für ein festliches Essen kann man die Pilzhüte auf Rosmarinzweige fädeln – die unteren zwei Drittel jedes Zweigs von den nadelförmigen Blättern befreien und die Pilze auf dieses Ende spießen (man braucht etwa 4 große oder 8 kleinere Zweige). Wie beschrieben braten, aber den gehackten Rosmarin weglassen. (Um Zeit zu sparen, könnte man die Pilze auch kurz anbraten und dann unter dem heißen Backofengrill fertig garen.)

MIT CHILI GEBACKENER FETA AUF WASSERMELONE

Ich liebe Wassermelonen. Was könnte an einem heißen Sommertag erfrischender schmecken? Eine meiner Kindheitserinnerungen ist, dass mein Vater im Sommer jeden Abend mit einer Wagenladung Wassermelonen nach Hause kam, die er als Nebeneinnahme verkaufte, nachdem er das Restaurant geschlossen hatte.

Das Wunderbare an diesem Rezept sind die Kontraste – warmer Feta und Chilischärfe zur kühlen Süße der Wassermelone. Das Dressing passt auch gut zu weißen Bohnen mit zerdrücktem Feta und etwas grünem Sommersalat.

Wer es einfacher mag, kann auch bloß etwas Olivenöl mit einem Spritzer Zitrone als Dressing an die Wassermelone geben. Ideal als Vorspeise oder leichtes Mittagessen. *Für 4 Personen.*

4 gleich große Scheiben Feta (à 70 g)
natives Olivenöl extra, zum Beträufeln
1 TL Chiliflocken
1 Schale Koriandersprossen (nach Belieben),
    alternativ Korianderblätter
1 Schale Shisosprossen (nach Belieben)
50 g japanischer Mizuna-Salat oder andere junge
    Salatblätter

25 g Pinienkerne, geröstet (nach Belieben)
Rosinen-Oregano-Dressing (s. Seite 152)
4 Scheiben Wassermelone, in etwas größere
    Rechtecke als der Feta geschnitten,
    1,5 cm dick, gekühlt
Olivenöl, zum Beträufeln

Den Backofen auf 190 °C vorheizen.

Ein Backblech mit Alufolie auslegen. Die Fetascheiben darauflegen, mit etwas Olivenöl beträufeln und mit den Chiliflocken bestreuen. Mit einem zweiten Stück Alufolie abdecken und die Folienränder umfalten, sodass ein loses Paket entsteht. Im Ofen 8 Minuten backen. (Wenn der Feta direkt aus dem Kühlschrank kommt, muss die Backzeit allerdings verdoppelt werden. Man kann den Käse auch einige Zeit im Voraus vorbereiten.)

Aus dem Ofen nehmen und sofort anrichten. Koriander- und Shisosprossen, falls verwendet, in mundgerechte Längen schneiden und mit Salatblättern und, nach Belieben, Pinienkernen vermengen. Mit etwas Dressing beträufeln und auf den Wassermelonenscheiben anrichten. Die Alufolie öffnen und den gebackenen Feta auf den Salat legen. Mit Olivenöl beträufeln und sofort servieren.

TARTE TATIN MIT FEIGEN, MANCHEGO UND RUCOLA

Traditionell wird Tarte Tatin mit Äpfeln zubereitet und zum Nachtisch serviert. Diese Version verblüfft dagegen mit einer pikanteren Aromenkombination: weniger Zucker und etwas Essig, Feigen, würziger Manchego-Käse und pfeffriger Rucola.

Das Rezept lässt sich nach Belieben mit anderen Zutaten abwandeln – leckere Alternativen sind etwa halbierte gebackene Romatomaten, ganze Cocktailtomaten, gekochte Artischockenherzen, gebackene Fenchelspalten oder gedünstete Quitten. Das gilt auch für die Wahl der Käsesorte: Auch Blauschimmelkäse oder Pecorino passen hervorragend zu Feigen. Zusätzlichen Pfiff bekommt das Ganze, wenn man etwas Balsamico-Essig bei schwacher Hitze zu Sirup einköchelt (nicht in den Kühlschrank stellen, sonst wird der Sirup fest) und über die Törtchen träufelt – das schmeckt fantastisch!

Für dieses Rezept braucht man ofentaugliche Blini-Pfännchen. Traditionell sind das kleine Gusseisenpfannen von ca. 12 cm Durchmesser. Besonders praktisch sind Ausführungen mit Antihaftbeschichtung. *Ergibt 4 Stück.*

450 g Blätterteig	**8 frische Feigen**
4 EL Zucker	**60 g Manchego-Käse, gehobelt**
2 EL Rotweinessig, vorzugsweise von	**40 g Rucola, fein gehackt**
Cabernet Sauvignon	**Olivenöl, zum Beträufeln**
I EL frisch gehackter Thymian	**schwarzer Pfeffer**

Den Backofen auf 190 °C vorheizen.

Den Blätterteig zu einer Teigplatte ausrollen und 4 runde Teigstücke von etwa 15 cm Durchmesser (etwas größer als die Pfännchen) ausschneiden. Die Teigkreise mehrfach mit der Gabel einstechen und bis zur Weiterverarbeitung im Kühlschrank aufbewahren.

Den Zucker mit ein wenig Wasser in einen kleinen Topf geben. Die Mischung langsam zu nussbraunem Karamell einköcheln lassen; dann vom Herd nehmen.

Essig und Thymian gut unter den Karamell rühren und die Masse in 4 Blini-Pfännchen gießen.

Die Feigen durch den Stielansatz längs halbieren. Je 4 Hälften mit der Schnittfläche nach unten in jedes Pfännchen legen. Mit den Teigkreisen abdecken; den Teig an den Rändern nach unten festdrücken. Auf ein Backblech stellen und 20 Minuten backen, bis der Teig goldbraun aufgegangen ist.

Die Pfännchen aus dem Ofen nehmen, einige Minuten abkühlen lassen und dann auf flache Portionsteller stürzen.

Die Törtchen mit Manchego und Rucola garnieren, mit Olivenöl beträufeln und mit schwarzem Pfeffer würzen.

STEINPILZ-FENCHEL-SALAT MIT VANILLEÖL

Ich bin geradezu süchtig nach Steinpilzen. Hier kommen sie in ihrer schlichtesten Form auf den Tisch – roh, cremig und würzig, nur mit Vanilleöl, etwas knackigem Fenchel und Schnittlauch angerichtet. Außerhalb der Steinpilzsaison kann man die frischen Steinpilze durch hochwertige Tiefkühlware ersetzen.

Dieser einfache Salat eignet sich hervorragend als leichte, aber äußerst aromatische Vorspeise für ein festliches Mahl. Das Vanilleöl lässt sich bis zu zwei Wochen im Voraus zubereiten. Übrig gebliebenes Öl lässt sich wunderbar weiterverwenden. Träufeln Sie es über gebackenes Steinobst oder zusammen mit einem Spritzer weißem Balsamico-Essig über aufgeschnittene Tomaten.

Der Salat kann auch ausgezeichnet als Beilage zu Bohnenpüree mit Trüffelöl (s. Seite 151) auf Bruschetta als leichtes Mittagessen gereicht werden. *Für 4 Personen.*

Für das Vanilleöl
3 Vanillestangen
250 ml mildes Olivenöl
Für den Salat
1 kleine Fenchelknolle

3 EL Zitronensaft
150 g frische Steinpilze, in hauchdünne Scheiben geschnitten
4 fein gehackte frische Schnittlauchhalme
Meersalz und schwarzer Pfeffer

Für das Vanilleöl die Vanillestangen längs halbieren und das Mark mit einem Messerrücken herausschaben. Vanillemark und -stangen mit dem Öl in ein kleines Gefäß geben und entweder gründlich durchrühren oder das Gefäß dicht verschließen und gut schütteln. Vor der Weiterverwendung mindestens 2 Tage im verschlossenen Gefäß durchziehen lassen.

Für den Salat die Fenchelknolle längs halbieren und den Strunk herausschneiden. Die Fenchelhälften mit einem scharfen Messer oder einem Gemüsehobel quer in feine Scheiben schneiden. Die Fenchelscheiben in eine Schüssel geben und im Zitronensaft wenden. Die übrigen Zutaten und 8 Esslöffel Vanilleöl, nach Belieben auch mehr, zugeben, mit Meersalz und schwarzem Pfeffer würzen und alles gut vermengen.

Den Salat auf 4 Teller verteilen und gekühlt servieren.

ZUCKERMAIS-POLENTA MIT SPARGEL UND SHIITAKE-PILZEN

Eine tolle Abendmahlzeit oder Vorspeise aus frischem Mais. Wenn keine frischen Maiskolben zu bekommen sind, kann man auch gefrorenen Mais nehmen. Das Gericht war in unserem Restaurant als Vorspeise immer äußerst beliebt. Statt Spargel und Shiitake-Pilzen kann man dazu auch Patty-Pan-Minikürbisse oder zarte Brokkoliröschen reichen. *Für 4 Personen.*

Für die Polenta
1 TL Meersalz
1 Maiskolben, Hüllblätter entfernt
75 g Instant-Polenta
25 g Butter
Salz und Pfeffer
1 EL Olivenöl
Für die Maiscreme
1 Maiskolben, Hüllblätter entfernt
25 g Butter

2 Schalotten, fein gehackt
1 Knoblauchzehe, fein gehackt
1 Prise frisch geriebene Muskatnuss
Meersalz und Pfeffer
250 g Crème double
Zum Servieren
8 Spargelstangen, gebacken oder gedämpft
**160 g Shiitake-Pilze, in feine Scheiben geschnitten
   und kurz gebraten**
Salbeibutter für 4 Personen (s. Seite 160)

Für die Polenta einen großen Topf voll Wasser zum Kochen bringen, das Salz zufügen und den Maiskolben darin kochen, bis die Maiskörner weich sind. Den Maiskolben herausnehmen und etwas abkühlen lassen. Die Maiskörner mit einem scharfen Messer vom Kolben schneiden (den Kolben dabei aufrecht halten und von oben nach unten schneiden). Beiseitestellen.

400 ml Maiskochsud abmessen und nochmals aufkochen. Die Hitze reduzieren und unter kräftigem Rühren langsam die Polenta einrieseln lassen. Die Polenta unter ständigem Rühren bei schwacher Hitze eindicken lassen. Butter und Maiskörner unterrühren, abschmecken und die Masse in eine mit Bratfolie ausgelegte kleine Backform (10 cm x 7 cm) gießen. Glatt streichen und etwa 40 Minuten beiseitestellen.

Den Backofen auf 220 °C vorheizen.

Die Polenta auf ein Schneidebrett stürzen und in 4 gleich große Stücke schneiden. Diese auf ein beschichtetes Backblech legen, mit dem Olivenöl beträufeln und im Ofen 15–20 Minuten backen, bis sie goldbraun sind.

Für die Maiscreme die Maiskörner vom Kolben schneiden. Die Butter in einem Topf bei mittlerer Hitze zerlassen. Die Schalotten unter gelegentlichem Rühren weich dünsten. Knoblauch, Muskat, Mais, Meersalz und Pfeffer zugeben und 1 Minute mitdünsten. Die Crème double zufügen und bei reduzierter Hitze unter gelegentlichem Rühren 30 Minuten köcheln lassen, bis der Mais weich ist. Zu einer dickflüssigen Creme pürieren und nochmals abschmecken.

Eine Portion Polenta auf jeden Teller legen und je einen gehäuften Löffel warme Maiscreme darübergeben. Mit Spargel, Shiitake-Pilzen und Salbeibutter anrichten.

TOPINAMBUR-BLINI MIT BLAUSCHIMMELKÄSE

Dieses Gericht war im Restaurant Delfina's, dessen Küchenchefin ich war, außerordentlich populär, was sich günstig traf, weil die Blini sich ganz einfach im Voraus zubereiten und im Ofen sanft wieder aufwärmen lassen. Ich nehme für dieses Rezept gern Blu di Capra – einen italienischen Blauschimmel-Ziegenkäse aus dem Piemont –, aber Gorgonzola, Dolcelatte oder Roquefort passen ebenfalls gut. Wer Blauschimmelkäse gar nicht mag, kann es mit Pecorino, Ziegenkäse oder Manchego probieren.
Für die Blini kann man statt Topinambur auch Pastinaken nehmen oder, wenn einem beides nicht zusagt, auch einfach nur Kartoffeln. Eine leckere Ergänzung ist ein pochiertes Ei als Belag. Ergibt *8 Stück*.

Für die Blini

350 g Kartoffeln, geschält und grob gewürfelt

400 g Topinambur, geschält und grob gewürfelt

100 g Mehl

80 g Crème double

2 TL Dijon-Senf

2 TL frisch gehackter Rosmarin

4 Eier, getrennt, Eigelb verquirlt

Salz und schwarzer Pfeffer

8 TL Butter

400 g Blauschimmelkäse, in 8 Scheiben geschnitten

Für die gebratenen Topinambur

1 EL Olivenöl

25 g Butter

250 g Topinambur, in Spalten geschnitten

Salz und schwarzer Pfeffer

etwas frisch gehackter Thymian oder Rosmarin (nach Belieben)

Für das Dressing

100 ml Olivenöl

35 ml Weißweinessig, vorzugsweise von Chardonnay

1 EL flüssiger Honig

Zum Servieren

100 g junge gemischte Salatblätter der Saison

1 Birne, halbiert, entkernt und in Spalten geschnitten

Für die Blini Kartoffel- und Topinamburwürfel getrennt in kochendem Salzwasser weich garen. Abgießen und beides durch ein Sieb in eine Schüssel streichen oder mit einem Stabmixer pürieren. Abkühlen lassen. Mehl, Crème double, Senf, Rosmarin und verquirltes Eigelb zum Kartoffel-Topinambur-Püree geben. Das Eiweiß halb steif schlagen und unter das Püree heben. Mit Salz und Pfeffer abschmecken.

Zwei Blini-Pfännchen erhitzen, je 1 Teelöffel Butter darin zerlassen und je ein Achtel vom Blini-Teig hineingeben. Bei mittlerer Hitze von jeder Seite 2 Minuten backen. Mit dem übrigen Blini-Teig ebenso verfahren.

Den Backofengrill auf höchster Stufe vorheizen. Die Blini auf ein Backblech legen, mit je einer Scheibe Käse belegen und im Ofen überbacken, bis der Käse zerläuft.

Für die gebratenen Topinamburs eine große Pfanne stark erhitzen. Olivenöl und Butter hineingeben und dann vorsichtig die Topinamburspalten zugeben. Salzen, pfeffern und bei starker Hitze goldbraun braten, dabei nach Belieben etwas frischen Thymian oder gehackten Rosmarin zugeben.

Für das Dressing das Öl mit Essig und Honig verquirlen. Vor dem Servieren Salatblätter und Birnenspalten im Dressing wenden. Die Topinamburs auf die Blini verteilen, Salat und Birnenspalten darauf anrichten und servieren.

CRÈME BRÛLÉE MIT ROQUEFORT, FEIGEN UND PEKANNÜSSEN

Die Cremespeise, deren Karamellkruste mit zerstoßenen Pekannüssen und Pfefferkörnern garniert wird, eignet sich ideal als kleines Mittagessen, Vorspeise oder, mit einem Glas Sauternes gereicht, als Alternative zum Käsegang. Ganz nach Wunsch kann man den Roquefort auch durch Stilton ersetzen, anstelle der Feigen Trauben verwenden oder stattdessen kurz angebratenen Porree oder gebackene Rote-Bete-Würfel nehmen. *Für 6 Personen.*

Für die Crème brûlée

500 g Schlagsahne extra (mind. 36 % Fett)

2 Knoblauchzehen, halbiert

5 Eigelb

25 g Zucker

1 TL Meersalz

1 große Prise weißer Pfeffer

200 g Roquefort, zerdrückt

4 getrocknete Feigen, 10 Minuten in heißem Wasser eingeweicht, abgetropft und gewürfelt

4 EL Demerara-Zucker

12 Grissini

25 g Pekannüsse, geröstet und grob zerstoßen

schwarze Pfefferkörner, zerstoßen

Für den Birnensalat mit Pekannüssen

1 Birne, entkernt und in Spalten geschnitten

100 g gemischte junge Salatblätter

25 g Pekannüsse

4 eingelegte grüne Feigen, geviertelt, oder 2 frische Feigen (nach Belieben)

Für das Dressing

20 ml mildes Olivenöl

20 ml natives Olivenöl extra

20 ml Weißwein- oder Chardonnay-Essig

Den Backofen auf 150 °C vorheizen. Sahne und Knoblauch in einen Topf geben und erhitzen.

Eigelb, Zucker, Salz und weißen Pfeffer in einer Schüssel zu einer glatten Masse verquirlen. Etwas heiße Sahnemischung unter die Eigelbmasse rühren, dann nach und nach die übrige Sahne unterrühren und die Mischung durch ein Sieb in eine Schüssel passieren. Die Hälfte des Roqueforts einrühren.

Getrocknete Feigen und restlichen Roquefort auf 6 Ramequin-Formen verteilen und diese mit der Crememischung auffüllen. Den Boden einer Auflaufform mit einem Küchentuch auslegen, die Ramequin-Formen hineinsetzen und so viel heißes Wasser in die Backform gießen, dass die Ramequin-Formen bis zur halben Höhe im Wasser stehen. Etwa 30–50 Minuten im Ofen backen, bis die Creme fest ist (die Backzeit hängt von der Größe der Ramequin-Formen ab). Abkühlen lassen und mindestens 2 Stunden kühlen.

Die Oberflächen der Cremeportionen mit dem Demerara-Zucker bestreuen und mit einem Flambierbrenner karamellisieren oder unter dem sehr heißen Backofengrill überbacken. Sofort einige gebrochene Grissini in die Crème brûlée stecken. Die Pekannüsse mit dem schwarzen Pfeffer mischen und auf die Karamellkruste streuen.

Für den Salat Birnenspalten, Salatblätter, Pekannüsse und, falls verwendet, die eingelegten Feigen vermengen. Öl und Essig in einer Schale verquirlen und den Salat damit anmachen. Mit der Crème brûlée servieren.

Tipp Wer keinen Flambierbrenner besitzt, kann auch einen metallenen Teelöffel in einer Gasflamme stark erhitzen und den Zucker mit dem Löffelrücken vorsichtig karamellisieren. Der Löffel wird sich nie davon erholen, aber die Karamellkruste gelingt hervorragend.

Variationen über die Erbse

Ich liebe Sommergemüse. Meine Mitbewohnerin, eine angehende Gärtnerin, bepflanzt jedes Frühjahr Töpfe mit Erbsen, Stangenbohnen, Auberginen, Karotten, Cocktailtomaten und Zucchini, und unser Garten ist voller Kübel mit frischen Kräutern, sodass wir uns im Sommer praktisch selbst versorgen können. Dieser Abschnitt handelt von der Erbse. Die Hülsen werden oft einfach weggeworfen, dabei kann man daraus mit etwas Wasser und ein paar Minze- und Basilikumstängeln eine wunderbare Erbsenbrühe kochen.

Meine „Variationen über die Erbse" geben Einblick in die vielfältigen Möglichkeiten, die in diesem bescheidenen Gemüse stecken. Hier nur fünf innovative Ideen: eine herzhafte, kalte Erbsencreme, gekühltes Erbsengelee, warme Erbsensuppe mit Minze und Basilikum, eine Handvoll Erbsensprossen und in der Hülse gedämpfte Erbsen. Wer seine Gäste beeindrucken will, kann einige dieser Variationen zusammen als Probierhappen, wie auf dem Bild links zu sehen, servieren.

FRISCHE ERBSENBRÜHE

Erbsenhülsen werden meistens weggeworfen oder landen auf dem Komposthaufen, aber man kann aus ihnen auch ganz einfach eine leckere Brühe kochen, die ideal für die Zubereitung von Erbsensuppe mit Basilikum und Minze (s. Seite 31) oder Risotto ist.

500 g frische Erbsenhülsen
1 Schalotte, in feine Ringe geschnitten

Stängel von je 1 Bund Minze und Basilikum
Salz und Pfeffer

Die Erbsenhülsen waschen und mit Schalotte und Kräuterstängeln in einen Topf geben. Mit Wasser bedecken und zum Kochen bringen. 30–40 Minuten leicht köcheln lassen. Mit Salz und Pfeffer abschmecken und durch ein feines Sieb in eine Schüssel abgießen. (Wenn ein intensiveres Aroma gewünscht wird, die Brühe nach dem Passieren nochmals erhitzen und auf zwei Drittel der Flüssigkeit einkochen.)

Abkühlen lassen und bis zur Weiterverwendung im Kühlschrank aufbewahren oder einfrieren.

ERBSENCREME

Ergibt als Vorspeise 4 Portionen oder 8 kleine Probierportionen. Servieren Sie Erbsencreme zusammen mit den anderen Erbsenvarianten als Probierportionen – Ihre Gäste werden begeistert sein.

350 g sehr junge frische oder tiefgefrorene Erbsen (ohne Hülsen gewogen); die Hülsen für Brühe aufheben
1 Handvoll frische Minzeblätter
3 Eier

150 g Crème double
1 TL Zitronensaft
Meersalz und Pfeffer
Öl, zum Einfetten
Erbsensprossen, zum Garnieren

Den Backofen auf 180 °C vorheizen.

Einen großen Topf mit Salzwasser zum Kochen bringen. Die Erbsen darin etwa 5–8 Minuten kochen, bis sie gerade weich sind. Die Minzeblätter zugeben und 30 Sekunden mitkochen, dann das Kochwasser abgießen. Erbsen und Minze mit kaltem Wasser abschrecken (so bleibt die grüne Farbe gut erhalten) und erneut abgießen. Erbsen und Minze im Mixer zusammen mit Eiern, Crème double und Zitronensaft glatt pürieren. Mit Meersalz und Pfeffer abschmecken.

Wasser zum Kochen bringen. 4 Ramequin-Formen mit etwas Öl einpinseln und die Crememischung auf die Formen verteilen. Den Boden einer kleinen Auflaufform mit einem Küchentuch auslegen und die Ramequin-Formen daraufsetzen (damit sie nicht verrutschen). So viel heißes Wasser in die Auflaufform gießen, dass die Ramequin-Formen bis zur halben Höhe im Wasser stehen. Die Auflaufform mit Alufolie abdecken und die Cremes 25–30 Minuten im Ofen backen, bis sie gerade fest sind. Die Alufolie abnehmen und die Cremes in der Auflaufform abkühlen lassen. Die Ramequin-Formen bis zum Servieren in den Kühlschrank stellen. Vor dem Servieren mit einem Messer um den Innenrand der Formen fahren, die Cremes auf Teller stürzen, mit Erbsensprossen garnieren und servieren.

Tipp Alternativ 8 kleine Probierportionen herstellen und zusammen mit etwas warmer Erbsensuppe und Erbsengelee (s. Seite 31 und 32) als Vorspeise reichen. Als leichtes Mittagessen ist diese Creme köstlich mit einem Salat aus Erbsensprossen, Basilikum, Minze und jungem Spinat. Etwas zerdrückter Feta und gegarte Brokkoliröschen passen ebenfalls gut dazu.

ERBSENSUPPE MIT BASILIKUM UND MINZE

Es überrascht vielleicht, dass ich für dieses Rezept tiefgefrorene Erbsen empfehle. Der Grund dafür ist ihre Farbe. Wenn man ein Drittel der Erbsen erst am Schluss zugibt, erhält man ein intensives Erbsengrün, das mit frischen Erbsen praktisch nicht zu erreichen ist. (Oder man nimmt eine Mischung aus frischen und tiefgefrorenen Erbsen und gibt das gefrorene Drittel erst am Schluss zu.)

Die Suppe kann warm oder gekühlt serviert werden. Ergibt *4 Portionen oder 8 Probierportionen.*

1 EL Olivenöl

1 kleine weiße Zwiebel, fein gehackt

500 g junge tiefgefrorene Erbsen

600 ml heiße Frische Erbsenbrühe (s. Seite 29)
   oder heißes Wasser

Blätter von ½ kleinem Bund frischer Minze (die
   Stängel für die Erbsenbrühe verwenden)

Blätter von 1 kleinen Bund frischem Basilikum
   (die Stängel für die Erbsenbrühe verwenden)

1 Prise Zucker

1 TL Meersalz

Das Öl in einem mittelgroßen Topf erhitzen. Die Zwiebel darin glasig dünsten. Zwei Drittel der Erbsen, Brühe bzw. Wasser, die Hälfte der Minze- und Basilikumblätter, Zucker und Salz zugeben. Alles einmal aufkochen, dann 20 Minuten köcheln lassen, bis die Erbsen sehr weich sind.

Die Suppe zusammen mit den übrigen Erbsen und Kräuterblättern portionsweise im Mixer glatt pürieren, abschmecken und servieren.

Tipp Sauerampfer passt ausgezeichnet zu Erbsen und kann hier anstelle der Kräuter verwendet werden, um der Suppe ein zart zitroniges Aroma zu geben. Wenn die Suppe als eigenständiges Gericht gereicht wird, kann man sie nach Geschmack mit ein paar gekochten Erbsen, zerzupften Minzeblättern, etwas zerdrücktem Feta oder Tofu, Crème fraîche oder Erbsengelee (s. Seite 32) garnieren.

ERBSENGELEE

Dieses interessante herzhafte Gelee kann man mit Crème fraîche und Spargelspitzen auf Bruschetta reichen oder als Garnierung für gekühlte Erbsensuppe verwenden. *Ergibt 4 Portionen oder 8 Probierportionen.*

150 ml Erbsenbrühe (s. Seite 29) oder Wasser

1 Prise Salz

125 g frische oder tiefgefrorene Erbsen

   (ohne Hülsen gewogen)

15 g Butter

1 kleine Schalotte, fein gewürfelt

2 EL gehackter Estragon

20 g Sahne

1,5 g Agar-Agar-Pulver

Salz und Pfeffer

Die Erbsenbrühe bzw. das Wasser zum Kochen bringen, das Salz zugeben und die Erbsen darin weich kochen. Die Erbsen abgießen und den Kochsud aufheben.

Die Butter in einem kleinen Topf erhitzen. Die Schalotte darin glasig dünsten. Erbsen, Estragon und Sahne zugeben und 4 Minuten köcheln lassen.

Den Erbsen-Kochsud abmessen und nötigenfalls mit Wasser auf 150 ml auffüllen. Den Kochsud wieder erhitzen, das Agar-Agar unterrühren und 2 Minuten köcheln lassen. Zusammen mit der Erbsenmischung im Mixer glatt pürieren, dann durch ein Sieb in eine Schüssel streichen und mit Salz und Pfeffer abschmecken.

Die Masse in einen flachen Plastikbehälter gießen und zuerst abkühlen lassen, dann in den Kühlschrank stellen, bis sie erstarrt (ca. 1 Stunde). Das fertige Gelee in Würfel schneiden und zu Erbsencreme etc. servieren.

Tipp Wenn man die oben beschriebene Erbsensuppe (s. Seite 31) gekühlt serviert, eignet sich dieses Gelee gut als Garnierung. Es kann auch als originelles Kanapee auf Teelöffeln serviert werden – mit Crème fraîche, fein geriebener Zitronenschale und einzelnen Erbsensprossen garniert.

Alternativ kann man das Gelee auch mit Ziegen-Weichkäse belegen oder – ganz mondän – etwas Erbsengeleemasse in Schnapsgläser gießen, fest werden lassen, dann mit kalter Erbsensuppe auffüllen und mit Crème fraîche garnieren. Wenn man das Gelee als Teil der Erbsenvariationen serviert, kann man es mit 4 Erbsenhülsen (1 Minute gedämpft oder blanchiert und halb geöffnet) und ein paar Erbsensprossen garnieren.

ERBSEN-CROSTINI MIT DILL UND FETA

Eine Crostini-Variante nach griechischer Art mit sommerfrischen Erbsen, salzigem Feta, erfrischender Zitrone und Dill. Für *4 Personen. Für Probierhappen die Brotscheiben halbieren, sodass man 8 Häppchen erhält.*

1 Knoblauchzehe

2 EL frisch gehackter Dill

Meersalz

150 g sehr junge frische Erbsen (ohne Hülsen
   gewogen)

5 EL Olivenöl

100 g Feta, zerdrückt

25 g Parmesan, frisch gerieben (nach Belieben)

2 EL Zitronensaft

Pfeffer

4 Scheiben Mini-Ciabatta

Erbsensprossen, zum Garnieren

Knoblauch und Dill mit 1 Prise Meersalz im Mörser gründlich zerstoßen und in eine Schüssel geben.

Die Erbsen im Mörser mit 1 Prise Salz und 1 Esslöffel Olivenöl grob zerstoßen. In eine Schüssel geben und mit Knoblauchmischung, Feta und, falls verwendet, Parmesan vermengen. Den Zitronensaft und das übrige Olivenöl unterrühren, mit Pfeffer abschmecken.

Das Brot in einer Grillpfanne von beiden Seiten goldbraun anrösten. Das Erbsenpüree auf den Ciabatta-Scheiben anrichten und mit Erbsensprossen garnieren.

KALTE TOMATEN-PFIRSICH-SUPPE MIT INGWER

Tomate mit Pfirsich ist eine köstliche Kombination und mit wärmendem Ingwer und einem Hauch Chili aufgepeppt eine ideale Sommersuppe – eines meiner persönlichen Lieblingsrezepte. Mit etwas Thai-Basilikum (oder ganz normalem europäischem) sowie ein paar Tomaten- und Pfirsichwürfeln garniert und mit einem Spritzer Olivenöl verfeinert beeindruckt diese Suppe garantiert jeden Gast. *Für 4 Personen.*

4 EL Olivenöl, plus etwas mehr zum Verfeinern
2 große Schalotten (oder 8 kleine), längs halbiert, in feine Scheiben geschnitten
70 g Ingwerwurzel, geschält und in feine Scheiben geschnitten
1 kg Romatomaten

8 vollreife Pfirsiche
4 Knoblauchzehen, in feine Scheiben geschnitten
1 frische rote Chili, längs halbiert
1 Prise Zucker
Meersalz und Pfeffer
8 frisch zerzupfte Thai-Basilikumblätter

Das Olivenöl in einem Topf auf mittlerer Stufe erhitzen. Schalotten und Ingwer zufügen und bei schwacher Hitze etwa 15 Minuten sanft weich dünsten.

Inzwischen Wasser zum Kochen bringen. Die Stielansätze der Tomaten entfernen und die Haut kreuzförmig einschneiden. Die Tomaten in eine große Schüssel legen, mit kochend heißem Wasser übergießen, 30 Sekunden ziehen lassen, abgießen und beiseitestellen. Mit den Pfirsichen ebenso verfahren, diese aber etwa 1 Minute im heißen Wasser lassen, bis sich die Haut sichtbar löst. Pfirsiche und Tomaten häuten. Je eine Tomate und einen Pfirsich zum Garnieren aufheben.

Knoblauch und Chili zur Schalottenmischung in den Topf geben und weitere 5 Minuten mitdünsten.

Die Tomaten grob hacken und mit ihrem Saft hinzufügen. Die Pfirsiche entsteinen, grob hacken und ebenfalls in den Topf geben. Zucker, Meersalz und 650 ml Wasser zugeben, aufkochen und 30 Minuten köcheln lassen.

Für die Garnierung die beiseitegestellte Tomate vierteln und entkernen (die Kerne zur Suppe geben). Die Tomatenviertel in 5 mm große Würfel schneiden. Den Pfirsich ebenfalls vierteln, entsteinen und in 5 mm große Würfel schneiden. Tomaten- und Pfirsichwürfel bis zum Servieren kühlen.

Die Chili aus der Suppe nehmen und wegwerfen. Die Suppe glatt pürieren (bei Bedarf mit etwas Wasser verdünnen), mit Salz und Pfeffer abschmecken, abkühlen lassen und bis zum Servieren zugedeckt kühlen.

Vor dem Servieren mit Pfirsich- und Tomatenwürfeln und den Basilikumblättern garnieren und mit einem Schuss Olivenöl verfeinern.

Tipp Eine originelle Garnierung für Experimentierfreudige ist frittierter Ingwer. Dazu ein längeres Stück Ingwerwurzel schälen und mit einem sehr scharfen Messer oder Gemüsehobel hauchfeine Scheiben abschneiden. Pflanzenöl in einem kleinen Topf fast bis zum Rauchpunkt erhitzen und den Ingwer darin portionsweise goldgelb frittieren. Auf Küchenpapier entfetten. Die Ingwerchips können auch vorab zubereitet und in einem luftdicht verschlossenen Behälter aufbewahrt werden.

WASSERMELONEN-GAZPACHO NACH THAI-ART

Im Umgang mit nahöstlichen, marokkanischen, spanischen und italienischen Aromen habe ich mich immer zu Hause gefühlt – wohl wegen meiner griechischen Herkunft. Die thailändische Küche war mir dagegen ziemlich fremd, bis ich eine achtwöchige Rundreise durch Thailand unternahm. Also besuchte ich einen Kochkurs im Oriental Hotel und dann noch einen in Chang Mai, und diese Erfahrung wurde zum Wendepunkt meiner kulinarischen Laufbahn.

Ich entdeckte die Verwendung von süßen, salzigen, sauren und scharfen Zutaten mit bis dahin ungekannten Geschmacksempfindungen – so rein, klar und erfrischend, dass man völlig verdutzt ist, wenn sie im Mund „explodieren". Diese Suppe braucht nicht gekocht zu werden und lässt sich ganz schnell und einfach im Voraus zubereiten – ideal für eine sommerliche Gartenparty. *Für 4 Personen.*

1 l Wassermelonensaft	**2 EL natives Olivenöl extra**
2 Romatomaten, gehäutet und grob gehackt	**Saft von 1 Limette**
2 Stängel Zitronengras, fein gehackt	**Salz**
3-cm-Stück Ingwerwurzel, geschält und gerieben	*Zum Garnieren*
1 Knoblauchzehe, fein gehackt	**4 EL gewürfelte Wassermelone**
1 frische rote Chili, fein gehackt (mit Kernen, wenn die Suppe richtig scharf sein soll)	**1 Avocado, fein gewürfelt**
1 Schalotte, fein gehackt	**½ kleines Bund fein gehackter frischer Koriander**
½ kleines Bund fein gehackter frischer Koriander	**4 frisch zerzupfte Minzeblätter**

Wassermelonensaft, Tomaten, Zitronengras, Ingwer, Knoblauch, Chili und Schalotte zusammen im Mixer glatt pürieren. Koriander, Olivenöl und Limettensaft zugeben und mitpürieren. Mit Salz abschmecken und in den Kühlschrank stellen (falls gewünscht auch über Nacht). Den gut gekühlten Gazpacho vor dem Servieren mit Wassermelonen- und Avocadowürfeln und Kräutern garnieren.

Tipp Als Garnierung eignen sich auch frische Kokosraspel, gehackte Cashewkerne, vietnamesische Minze, Thai-Basilikum oder etwas fein gewürfelter Granny-Smith-Apfel.

ZITRONENGRAS-MAIS-SUPPE MIT CRÈME FRAÎCHE

An einem Freitagnachmittag bei Delfina war besonders viel los. Und obwohl es Sommer war, bestellten unerwartet viele Gäste Suppe! So blieb nicht genügend Suppe fürs Abendessen, und es waren auch keine Zutaten mehr übrig, um welche nachzukochen. In solchen Situationen gehe ich normalerweise in die Kühlkammer und schaue mich nach geeigneten Zutatenkombinationen um. Bei dieser speziellen Gelegenheit fiel mein Auge auf Mais und Zitronengras. Ich war gerettet, und ein neues Suppenrezept war geboren.

Frischer Mais direkt vom Kolben ist für dieses Rezept am besten, aber außerhalb der Saison kann man auch tiefgefrorenen Mais oder Mais aus der Dose nehmen. Blumenkohl und Zitronengras passen ebenfalls ausgezeichnet zusammen – einfach einen kleinen Blumenkohl in Röschen schneiden und ansonsten dem unten stehenden Rezept folgen. Dann kann man noch ein paar Blumenkohlröschen in dünne Scheiben schneiden, im heißen Backofen anrösten und zu den übrigen Relish-Zutaten geben. *Für 4 Personen.*

3 Maiskolben, Hüllblätter entfernt	**25 g Mehl**
50 g Butter	**1 l Milch**
1 kleine weiße Zwiebel, fein gehackt	**5 Stängel Zitronengras, fein gehackt**
3-cm-Stück Ingwerwurzel, geschält und	**Salz und Pfeffer**
fein gehackt	**4 EL Crème fraîche**
1 frische rote Chili, entkernt und fein gehackt	**4 EL Mais-Relish, zum Garnieren (s. Seite 155)**

Die Maiskörner mit einem scharfen Messer vorsichtig von den Kolben schneiden. Die Kolben aufheben.

Die Butter in einem großen Topf bei mittlerer Hitze zerlassen. Zwiebel, Ingwer und Chili darin 5 Minuten sanft dünsten, bis sie weich, aber nicht gebräunt sind. Das Mehl unterrühren und 1 Minute anschwitzen. Milch, Zitronengras, Maiskörner und -kolben zugeben und unter Rühren aufkochen. Bei reduzierter Hitze 20 Minuten köcheln lassen.

Die Maiskolben herausnehmen und entsorgen. Die Suppe im Mixer glatt pürieren, durch ein feines Sieb in einen Topf streichen und mit Salz und Pfeffer abschmecken. Vor dem Servieren mit einem Löffel Crème fraîche und einem Löffel Mais-Relish garnieren.

TOMATEN-FEIGEN-SUPPE MIT ZIEGENKÄSE-BRUSCHETTA

Diese Suppe habe ich im Oktober kreiert, als die frischen Bohnen, Erbsen und Tomaten zur Neige gingen und mir die kommenden vier Monate voller Wurzelgemüse vor Augen standen. Ich hatte noch eine Menge getrocknete Feigen und ein paar Dosen Tomaten in der Speisekammer. Zu diesen beiden relativ süßen Zutaten gab ich ein paar köstliche, wärmende Gewürze – Zimt, Kreuzkümmel und eine Prise Chili –, um sie harmonisch zu verschmelzen. Dazu noch ein paar Zwiebeln und etwas Knoblauch, und schon blubberte ein leckeres Süppchen auf dem Herd.

Was viele Leute bei Suppen vergessen, ist die Garnierung. Eine knusprige Bruschetta mit zerlaufenem Ziegenkäse, ein paar Feigenscheiben und Rucola machen diese Suppe zu einer üppigen Vorspeise oder einer sättigenden leichten Mahlzeit. Etwas gehaltvoller wird sie, wenn man 20 Minuten vor Ende der Garzeit noch einige rote Linsen dazugibt oder sie am Schluss mit ein paar Kichererbsen anreichert. Wer keinen Ziegenkäse mag, kann genauso gut Feta nehmen. *Für 4 Personen.*

Für die Suppe

4 EL Olivenöl

1 Gemüsezwiebel, in feine Ringe geschnitten

2 Knoblauchzehen, fein gehackt

1 grüne Paprika, in feine Streifen geschnitten

2 TL gemahlener Kreuzkümmel

1 kleine Prise Chiliflocken

4-cm-Stück Zimtstange

3 Lorbeerblätter

1,5 kg Strauchtomaten, gehäutet und grob gewürfelt

50 g Zucker

100 g getrocknete Feigen, 20 Minuten in 700 ml kochend heißem Wasser eingeweicht

Meersalz und frisch gemahlener schwarzer Pfeffer

1 Handvoll Rucola, zum Garnieren

Für die Bruschettas

6 Scheiben Ciabatta-Brot, getoastet

225 g Ziegenkäse, in dünne Scheiben geschnitten

3 frische Feigen, in feine Scheiben geschnitten

Für die Suppe das Olivenöl in einem großen Schmortopf erhitzen. Zwiebel, Knoblauch und grüne Paprika hineingeben und weich dünsten. Kreuzkümmel, Chiliflocken, Zimtstange und Lorbeerblätter untermengen und weitere 2 Minuten mitdünsten. Tomaten, Zucker und Feigen (mit dem Einweichwasser) zugeben und alles bei schwacher Hitze etwa 25 Minuten köcheln. Die Zimtstange herausnehmen, die Suppe mit Salz und Pfeffer abschmecken und (mit den Lorbeerblättern) im Mixer glatt pürieren.

Den Backofengrill vorheizen. Für die Bruschetta die getoasteten Ciabatta-Scheiben mit den Ziegenkäsescheiben belegen und unter dem Grill überbacken, bis der Käse Blasen wirft. Anschließend mit den Feigenscheiben garnieren.

Die heiße Suppe mit Rucola garnieren und mit den Bruschettas reichen.

ROTE-LINSEN-SUPPE MIT ORANGE UND INGWER

An einem kalten Wintertag wärmt nichts wohliger als ein Teller dieser würzig duftenden Suppe – eine meiner Lieblingssuppen überhaupt. Noch besser schmeckt sie am nächsten Tag, wenn sie richtig durchgezogen ist. Besonders köstlich wird die Suppe durch einen zusätzlichen Spritzer thailändische süße Chilisauce. Statt Joghurt eignen sich auch zerdrückter Feta und knusprige Röstzwiebeln zum Garnieren. *Für 4 Personen.*

250 g rote Linsen

3 EL Olivenöl

1 Zwiebel, fein gehackt

1 Selleriestange, fein gehackt

1 Karotte, fein gewürfelt

1 frische rote Chili, entkernt und fein gehackt

2 Knoblauchzehen, fein gehackt

50 g Ingwerwurzel, geschält und fein gehackt oder gerieben

4 TL gemahlener Kreuzkümmel

je ¼ TL gemahlene Kurkuma und Paprikapulver

1 Prise Cayennepfeffer

2 Gemüsebrühwürfel

1½ EL Tomatenmark

2 Zimtstangen

2 Orangen

Salz und Pfeffer

4 EL griechischer Joghurt, glatt gerührt

frisch zerzupfte Minzeblätter, zum Garnieren

Die Linsen in einen Topf geben, mit Wasser bedecken und zum Kochen bringen. In ein feines Sieb abgießen und mit kaltem Wasser abspülen.

Das Olivenöl in einem großen Topf erhitzen. Zwiebel, Sellerie, Karotte, Chili, Knoblauch und Ingwer zugeben und bei mittlerer Hitze 5 Minuten anbraten. Die Gewürze zufügen und weitere 2 Minuten mitbraten. Linsen, Brühwürfel, Tomatenmark, Zimtstangen und 750 ml Wasser zugeben.

Die Schale einer Orange fein abreiben. Dann von beiden Orangen Stiel- und Blütenansatz abschneiden, die übrige Schale entfernen, das Fruchtfleisch in kleine Stücke schneiden und mit der abgeriebenen Schale zur Suppe geben.

Die Suppe aufkochen und bei schwacher Hitze unter gelegentlichem Rühren 30 Minuten köcheln lassen. Bei Bedarf Wasser nachgießen, damit die Mischung flüssig genug bleibt.

Wenn die Linsen gar sind, die Zimtstangen herausnehmen und wegwerfen. Die Suppe mit einem Pürierstab grob pürieren. Mit Salz und Pfeffer abschmecken und vor dem Servieren mit Joghurt und Minzeblättern garnieren.

FENCHEL-KOKOS-SUPPE MIT KARDAMOM

Ich liebe Fenchel und finde, dass sich sein Anisaroma mit Kokosnuss wunderbar verbindet.   *Für 4 Personen.*

2 EL Traubenkernöl

3 Schalotten, fein gehackt

30 g Ingwerwurzel, geschält und fein gehackt

1 Knoblauchzehe, fein gehackt

2 frische grüne Chilis, fein gehackt

2 TL Fenchelsamen

15 Kardamomkapseln, zerstoßen und Kapseln entfernt

2 Fenchelknollen (ca. 500 g), geviertelt und in feine Scheiben geschnitten

50 ml Pernod (nach Belieben)

800 ml Kokosmilch

2 EL Sojasauce

2 EL Limettensaft

2 EL süße thailändische Chilisauce

frische Korianderblätter, zum Garnieren

Das Traubenkernöl in einem großen Topf erhitzen. Schalotten, Ingwer, Knoblauch, Chilis, Fenchelsamen und Kardamom hineingeben und bei mittlerer Hitze 3 Minuten anbraten. Fenchel und, falls verwendet, Pernod zugeben und 2 Minuten mitgaren, bis der Pernod weitgehend verdampft ist. Die Kokosmilch und 200 ml Wasser zufügen. Aufkochen und dann bei schwacher Hitze 10–15 Minuten köcheln, bis der Fenchel weich ist. Sojasauce, Limettensaft und süße Chilisauce unterrühren und die Suppe nötigenfalls mit etwas Wasser verdünnen. Mit Korianderblättern garnieren und sehr heiß servieren.

SÜSSKARTOFFELSUPPE MIT KOKOSMILCH

In der Kochsendung *Daily Cooks Challenge* stand ich, wie die anderen Teilnehmer, immer vor der Herausforderung, mit möglichst wenigen Zutaten auszukommen. In einer Sendung hatte ich Glück und bekam Süßkartoffeln als Zutat zugeteilt. In den zwei Minuten Bedenkzeit kam ich auf das nachstehende Rezept: ebenso einfach wie köstlich.   *Für 4 Personen.*

700 g Süßkartoffeln

800 ml Kokosmilch

1 EL thailändische rote Currypaste

1 Spritzer Sojasauce

frischer Koriander, zum Garnieren

Den Backofen auf 180 °C vorheizen.

Die Süßkartoffeln säubern, auf ein Backblech geben und im Ofen 40 Minuten backen, bis sie weich sind. Herausnehmen und kurz abkühlen lassen. Dann halbieren, aus der Schale lösen und in einen Mixer geben.

Die Kokosmilch mit der Currypaste in einem Topf erhitzen und köcheln, bis es duftet. Mit den Süßkartoffeln im Mixer glatt pürieren und mit Sojasauce abschmecken. Mit etwas Koriander garnieren und ganz heiß servieren.

HERRLICHE
Hauptgerichte

TAJINE MIT BUTTERNUSS-KÜRBIS ZU CHILI-DATTEL-COUSCOUS

Dies ist meine persönliche Version der unwiderstehlichen Tajine-Gerichte, die ich in Marokko gegessen habe. Man kann sie auch mit anderen Kürbissorten oder mit Karotten, Rüben und Zucchini zubereiten. *Für 4 Personen.*

1 Butternuss-Kürbis	**2 TL Koriandersamen, zerstoßen**
2 EL Olivenöl	**800 g Tomaten aus der Dose, zerkleinert**
1 Zwiebel, fein gehackt	**2 frische rote Chilis, längs halbiert**
2 Knoblauchzehen, fein gehackt	**1 Zimtstange**
1 Prise Salz	**1 EL Honig**
1 Msp. Safranfäden	**500 ml Wasser**
3 TL gemahlener Kreuzkümmel	**½ kleines Bund fein gehackter frischer Koriander**
1 TL gemahlener Ingwer	**Meersalz und schwarzer Pfeffer**
2 TL Paprikapulver	**50 g Mandelblättchen, geröstet, zum Garnieren**

Den Butternuss-Kürbis mit einem Kartoffelschäler schälen. Einmal quer und dann längs halbieren, die Kerne mit einem Löffel herausschaben. Das Kürbisfleisch in 2 cm große Würfel schneiden. (Schale und Kerne aufheben, um daraus Brühe für ein anderes Gericht zu kochen. Die Brühe lässt sich auch gut einfrieren.)

Das Olivenöl in einem Topf erhitzen, die Zwiebel hineingeben und weich dünsten. Knoblauch, Salz, Safran, Kreuzkümmel, Ingwer, Paprika und Koriandersamen zufügen und 2 Minuten mitbraten, bis die Zutaten zu duften beginnen. Tomaten, Chilis, Zimt, Honig und Wasser zugeben und alles 30 Minuten köcheln lassen, bis die Mischung eindickt und der Kürbis gar ist; bei Bedarf noch etwas Wasser zugießen. Den Koriander unterrühren und mit Salz und Pfeffer abschmecken. Mit Mandelblättchen bestreuen und mit Chili-Dattel-Couscous (siehe unten) servieren. Dosieren Sie die Chilis vorsichtig!

CHILI-DATTEL-COUSCOUS In Marokko wird der Couscous liebevoll in einer Couscoussière zubereitet – dieser langwierige Vorgang des Dämpfens und Umschichtens ist eine regelrechte Kunst, dafür ist das Resultat dann auch göttlich! Hier meine schnelle Version mit Instant-Couscous. *Für 4 Personen.*

350 g Instant-Couscous	**1 Prise Salz**
50 g Butter, gewürfelt	**350 ml kochendes Wasser**
fein abgeriebene Schale von 1 unbehandelten Zitrone	**75 g Datteln, entsteint und in feine Streifen geschnitten**
1 frische grüne Chili, entkernt und fein gehackt	**½ kleines Bund fein gehackter frischer Koriander**

Den Couscous mit Butter, Zitronenschale, Chili und Salz in eine Schüssel geben. Mit dem Wasser übergießen. Mit Frischhaltefolie bedeckt 2–3 Minuten durchziehen lassen. Die Folie abnehmen und den Couscous mit einer Gabel auflockern. Datteln und Koriander unterrühren.

PILZE, ROTE BETE, MOZZARELLA UND LINSEN EN PAPILLOTE

Eine *papillote* ist auf Französisch ein „eingewickelter Bonbon". Hier bezeichnet der Begriff ein Überraschungspaket voll herrlicher, deftiger Aromen.

Ich habe cremigen Mozzarella gewählt, um die Säure der Ingwer-Vinaigrette zu mildern, aber Pecorino passt ebenfalls gut. Wer keine Rote Bete mag, kann sie durch Spargel ersetzen. Und wer die Sache mit den Päckchen zu kompliziert findet, kann die Zutaten auch als Salat zubereiten. *Für 4 Personen.*

Für die Ingwer-Vinaigrette

1-cm-Stück Ingwerwurzel

1 Knoblauchzehe, fein gerieben

30 ml Reisessig

1 EL Sojasauce

1 EL Zitronensaft

1 EL Zucker

75 ml Sesamöl

2 TL Dijon-Senf

Für die Linsen

225 g Puy-Linsen oder braune Linsen

3 EL Olivenöl

1 Gemüsezwiebel, fein gehackt

2 Knoblauchzehen, fein gehackt

2 Lorbeerblätter

Salz und Pfeffer

4 EL frisch gehackter Koriander

Für die Pilze

4 Riesenchampignons oder 8 kleinere Champignons

2 EL Oliven- oder Sesamöl

Salz

1 Prise Chiliflocken (nach Belieben)

Außerdem

500 g Büffel-Mozzarella, in 12 Stücke geschnitten

200 g gekochte Rote Bete, in Spalten geschnitten

4 Backpapierquadrate (38 cm x 38 cm)

4 Streifen Backpapier (38 cm x 2 cm), zum Verschnüren

Rucola-Salat, zum Servieren

Alle Vinaigrette-Zutaten gründlich verquirlen und kühl stellen.

Die Linsen in einem Sieb unter kaltem Wasser abspülen. Das Öl in einem Topf erhitzen. Zwiebel und Knoblauch hineingeben und bei mittlerer Hitze weich dünsten. Abgetropfte Linsen und Lorbeerblätter zugeben und mit Wasser bedecken. Einmal aufkochen und dann 15–20 Minuten köcheln lassen, bis die Linsen weich sind; bei Bedarf noch mehr Wasser zugeben. Die Linsen abgießen und mit der Vinaigrette vermengen, solange sie noch heiß sind. Mit Salz und Pfeffer abschmecken und den Koriander unterheben.

Die Pilze mit einem feuchten Tuch säubern und entstielen. In eine Schüssel geben, mit dem Olivenöl beträufeln, mit Salz und, falls verwendet, Chiliflocken würzen. Eine Pfanne bei mittlerer bis hoher Temperatur erhitzen, die Pilze hineingeben und von jeder Seite 3 Minuten anbraten.

Den Backofen auf 190 °C vorheizen. Auf jedes Backpapierquadrat 1 großen bzw. 2 kleine Pilze legen. Linsen, Mozzarella und Rote Bete daraufgeben. Die Ecken des Backpapiers nach oben schlagen und mit einem Backpapierstreifen verschnüren. (Die so vorbereiteten Päckchen halten sich bis zu 2 Tage im Kühlschrank.) Die Päckchen auf ein Backblech setzen und im Ofen 15–20 Minuten backen. Dazu einen Rucola-Salat reichen.

MARONENNUDELN MIT ROSENKOHL UND WILDPILZEN

Diese *stracci di castagne* haben ein mild-nussiges Aroma. Das Gericht lässt sich variieren, indem man z. B. die Butter weglässt, die Nudeln mit Trüffelöl beträufelt und in zerstoßenen, gerösteten Haselnüssen wendet, um ihnen mehr Biss zu geben. Ich salze immer das Nudelwasser anstelle des Nudelteigs.   Für 4 Personen.

Für die Nudeln

250 g italienisches Nudelmehl Tipo 00 oder Weizenmehl Type 405 oder 550

125 g gekochte oder fertig gegarte, vakuumverpackte Maronen, fein gemahlen

6 Eigelb

1 Ei

1 Schuss Olivenöl

Grieß, zum Bestreuen

Für das Gemüse

2 EL Olivenöl

250 g Wildpilze, in mundgerechte Stücke geschnitten

Salz und Pfeffer

250 g Rosenkohl, gekocht

50 g Butter

150 g gekochte oder fertig gegarte, vakuumverpackte Maronen, geviertelt

Salbeibutter für 4 Personen (s. Seite 160)

50 g Parmesan, frisch gehobelt

Um die Nudeln von Hand herzustellen, Weizen- und Maronenmehl in einer Schüssel vermischen, auf einer Arbeitsfläche zu einem Hügel aufhäufen und eine Mulde in die Mitte drücken. Eigelb, Ei und Öl in die Mulde geben, nach und nach das Mehl unterarbeiten und den Teig 10 Minuten kneten, bis er fest und geschmeidig ist. Falls er zu sehr klebt, noch mehr Mehl zugeben. In Frischhaltefolie eingewickelt 30 Minuten ruhen lassen.

Alternativ Weizen- und Maronenmehl in der Küchenmaschine vermengen, bei laufendem Motor nach und nach Eigelb, Ei und Öl zufügen und alles ganz kurz durchmixen. (Bei zu langer Mixdauer wird der Teig überhitzt!) Den Teig auf einer Arbeitsfläche 10 Minuten von Hand durchkneten. In Frischhaltefolie einwickeln und 1 Stunde oder über Nacht kühlen – danach ist der Teig viel elastischer. (Wer ein Standrührgerät besitzt, kann den Nudelteig mit den Knethaken zubereiten; so mache ich es im Restaurant.)

Den Teig auf eine leicht bemehlte Arbeitsfläche geben, in zwei gleich große Stücke teilen und jedes davon mehrmals durch eine Nudelmaschine drehen – von der dicksten bis zur dünnsten Einstellung. In 5 cm große, rautenförmige Stücke schneiden (am besten mit einem Pizzaschneider), auf ein mit Backpapier ausgelegtes Backblech legen, mit Grieß bestreuen und vor dem Kochen 10 Minuten ruhen lassen. Die rohen Nudeln kann man bis zu 3 Tage aufbewahren. Wer keine Nudelmaschine hat, kann den Teig mit einem Nudelholz ausrollen.

Für das Gemüse das Olivenöl in einem großen Topf erhitzen, die Pilze darin bei starker Hitze anbraten, salzen, pfeffern und beiseitestellen. Die Rosenkohlröschen je nach Größe halbieren oder vierteln. Die Butter in einem Topf bei mittlerer Hitze zerlassen, Rosenkohl und Maronen hinzufügen und erhitzen.

Vor dem Servieren die Nudeln in einem großen Topf mit kochendem Salzwasser 1–2 Minuten garen, bis sie al dente sind. Die Salbeibutter in einem großen Topf zerlassen. Rosenkohl, Pilze, Maronen und Nudeln zufügen und in der Würzbutter wenden. Mit Salz und Pfeffer würzen, mit dem gehobelten Parmesan bestreuen und servieren.

ROT GESCHMORTE PILZE

Dieser rote Schmorsud eignet sich auch ausgezeichnet zur Zubereitung anderer Gemüsesorten, wie Auberginen, Süßkartoffeln oder Kohl. Die Idee dazu habe ich von meinem Freund Kim, einem fantastischen Koch.

Für dieses aromaintensive Gericht werden die Pilze mit gebratenen Schalotten, Knoblauch, Korianderwurzeln, Chili und Ingwer geschmort – den fünf Grundzutaten asiatisch inspirierter Küche.   *Für 4 Personen.*

Für den roten Schmorsud

200 ml Sojasauce

200 ml Shaoxing (chinesischer Reiswein,
   s. Seite 170)

150 g brauner Kandiszucker (s. Seite 170)

2 Streifen getrocknete asiatische Orangenschale
   (ersatzweise frische Orangenzesten)

1 frische rote Chili

1 kleines Bund frischer Koriander mit Wurzeln

4-cm-Stück Ingwerwurzel, in feine Scheiben
   geschnitten

2 Zimtstangen

2 Sternanis

1 l Wasser

Für die Pilze

400 g Mischpilze (z. B.: Shiitake-Pilze, geviertelt,
   Austernpilze, halbiert, Enoki-Pilze, vom
   Stielansatz befreit)

1 Bund frischer Koriander mit Wurzeln

2 EL Traubenkern- oder anderes Pflanzenöl

2 Knoblauchzehen, fein gewürfelt

2 Schalotten, fein gewürfelt

2-cm-Stück Ingwerwurzel, geschält und fein
   gewürfelt

1 frische rote Chili, entkernt und fein gehackt

Zum Servieren

frisch gekochter Jasminreis

Alle Schmorsudzutaten in einen großen Topf geben, aufkochen und 10 Minuten köcheln lassen. Den Sud durch ein Sieb in eine Schüssel gießen und die Würzzutaten wegwerfen.

Die Pilze putzen. Den Koriander waschen, dann Korianderwurzeln und -grün separat fein hacken. Das Öl in einem Wok erhitzen. Knoblauch, Schalotten, Ingwer, Chili und Korianderwurzeln darin 2 Minuten unter Rühren anbraten. Die Pilze zugeben, so viel Schmorsud zugießen, dass sie bedeckt sind, und 20 Minuten köcheln lassen. Das gehackte Koriandergrün unter die Pilze mengen.

In tiefen Schalen mit Jasminreis servieren und dazu asiatische Porzellanlöffel reichen.

Tipp Zum Servieren eignen sich auch Salz-und-Pfeffer-Tofu (s. Seite 113) und Brokkoli oder Auberginen-Relish (s. Seite 155).

ROTE-LINSEN-DAAL MIT AUBERGINE, SPINAT UND RAITA

Wenn man das Daal und die Auberginen am Vortag zubereitet (was sowieso sinnvoll ist, weil sie am nächsten Tag noch besser schmecken), ist dies ein ideales Rezept für Gäste oder für ein schnelles, einfaches Abendessen. *Für 4 Personen.*

2 Auberginen

200 ml Olivenöl

100 ml Zitronensaft

Rote-Linsen-Daal (s. Seite 114)

2 Handvoll Babyspinatblätter

einige frische Minze- und Korianderblätter

Salz und Pfeffer

Apfel-Raita (s. Seite 159)

4 indische Papadams, zum Garnieren
 (nach Belieben)

Korianderzweige, zum Garnieren

Den Backofen auf 180 °C vorheizen. Die Auberginen längs in 12 je 1 cm dicke Scheiben schneiden. Olivenöl und Zitronensaft verquirlen und die Scheiben von beiden Seiten damit einpinseln. Die Auberginen auf ein beschichtetes Backblech legen und 8 Minuten im Ofen backen, bis sie weich sind. Die restliche Öl-Zitronen-Mischung als Dressing für die Spinatblätter aufheben.

Vor dem Servieren das Daal und die Auberginen wieder erwärmen. Spinat und Kräuter in eine Schüssel geben, mit der restlichen Öl-Zitronen-Mischung anmachen und mit Salz und Pfeffer würzen. Auf jeden Teller eine Auberginenscheibe legen, etwas Daal daraufgeben, dann noch einmal Aubergine, Daal und dann den Spinatsalat aufschichten. Zum Abschluss die restlichen Auberginenscheiben darauf anrichten. Auf jeden Teller einen großen Löffel Raita geben, die Papadams, falls verwendet, in je 3 Stücke brechen und aufrecht in die Raita stecken. Mit den Korianderzweigen garnieren.

WASSERMELONEN-CURRY MIT SCHWARZEN BOHNEN UND PANEER

Das klingt vielleicht ungewohnt, aber wer es einmal probiert hat, kann gar nicht genug davon kriegen. Das erfrischende und zart gewürzte Curry ist ein ausgezeichnetes Sommergericht. Dazu passt indischer Paneer-Käse oder ersatzweise Tofu. Wer es schärfer mag, sollte die Kerne in den Chilis lassen. Als leckere Abwandlung kann man 10 Minuten vor Ende der Garzeit noch ein paar geviertelte Tomaten zugeben. *Für 4 Personen.*

3 kg Wassermelonen

2 EL Traubenkernöl

1 große Zwiebel, fein gehackt

6-cm-Stück Ingwerwurzel, fein gehackt oder gerieben

3 Knoblauchzehen, fein gehackt

2 frische rote Chilis, entkernt und fein gehackt

2 Stängel Zitronengras, fein gehackt

2 TL gemahlene Kurkuma

4 TL gemahlener Koriander

2 TL Kreuzkümmelsamen

1 Prise Cayennepfeffer

250 g indischer Paneer-Käse, in 2 cm große Würfel geschnitten

400 g schwarze Bohnen aus der Dose, abgespült und abgetropft

1 kleines Bund fein gehackter frischer Koriander, plus einige Zweige zum Garnieren

Meersalz

Saft von 1–2 Limetten, zum Abschmecken

Kokos-Basmatireis für 4 Personen, zum Servieren (s. Seite 102)

Stiel- und Blütenansatz der Wassermelone abschneiden, die Melone senkrecht halbieren und dann vierteln. Das Melonenfleisch sorgfältig aus der Schale lösen und entkernen. 500 g Melonenfleisch in 1 cm große Würfel schneiden und beiseitestellen. Das restliche Melonenfleisch im Mixer oder in der Küchenmaschine glatt pürieren.

Die Hälfte des Öls in einer großen Pfanne erhitzen. Zwiebel, Ingwer und Knoblauch hineingeben und bei mittlerer Hitze weich dünsten.

Chilis, Zitronengras und Gewürze zugeben und 1 Minute mitgaren, bis sie duften. Das Wassermelonenpüree zufügen, aufkochen und dann 20 Minuten auf die Hälfte der Flüssigkeit einköcheln lassen.

Inzwischen das übrige Öl in einer Pfanne erhitzen und den Paneer darin bei mittlerer Hitze goldbraun anbraten. Mit einem Schaumlöffel aus der Pfanne nehmen und auf Küchenpapier abtropfen lassen.

Wenn das Curry ausreichend eingekocht ist, Bohnen, Paneer, Wassermelonenwürfel und Koriander unterheben und das Gericht mit einer großzügigen Prise Meersalz würzen. Noch einmal durcherhitzen und mit dem Limettensaft abschmecken.

Das Curry mit Korianderzweigen garnieren und mit Kokos-Basmatireis servieren.

RAVIOLI MIT ARTISCHOCKEN-ZIEGENKÄSE-FÜLLUNG

Ein köstliches Rezept für Artischocken-Ravioli aus fertigen Wantan-Teigblättern (in asiatischen Lebensmittelgeschäften erhältlich). Ich habe Blauschimmel-Ziegenkäse genommen, weil er besonders gut mit den Artischocken harmoniert. Der Parmesan intensiviert das Aroma.   *Für 4 Personen.*

Für die Ravioli

Saft und abgeriebene Schale von 1 unbehandelten Zitrone

1 Zitrone, halbiert

2 Lorbeerblätter

2 Knoblauchzehen, zerdrückt

einige frische Thymianzweige

Meersalz und schwarzer Pfeffer

3 Artischocken

300 g weicher Blauschimmel-Ziegenkäse

50 g Parmesan, frisch gerieben

30 g Pinienkerne, geröstet

½ Bund fein gehacktes frisches Basilikum

20–24 quadratische Wantan-Teigblätter

Mehl, zum Bestäuben

natives Olivenöl extra, zum Beträufeln

1 Schale Shiso- und Basilikumsprossen, zum Garnieren (nach Belieben)

Für den Salat (nach Belieben)

2 Babyartischocken

2 EL Zitronensaft

1 EL Olivenöl

einige Sträußchen Feldsalat

etwas frisch gehobelter Parmesan

Salz und Pfeffer

Einen großen Topf mit Wasser füllen. Zitronensaft, Zitronenhälften, Lorbeerblätter, Knoblauch, Thymian, Salz und Pfeffer hineingeben. Die Artischocken waagerecht halbieren und die obere Hälfte wegwerfen. Die Stiele abschneiden und alle äußeren Blätter entfernen, sodass nur die Herzen bleiben. Das „Heu" mit einem Teelöffel entfernen und wegwerfen. Artischocken nochmals einzeln putzen und dann sofort in den Topf mit dem Zitronen-Kräuter-Wasser geben, damit sie sich nicht verfärben. Die Wasseroberfläche mit Backpapier abdecken und dieses mit einer Untertasse beschweren. Das Wasser zum Kochen bringen, die Artischocken 15 Minuten köcheln, bis sie weich sind, vom Herd nehmen und im Kochsud abkühlen lassen. Dann abgießen, fein würfeln und beiseitestellen.

Den Ziegenkäse in einer Schüssel fein zerdrücken. Mit Parmesan, Artischockenwürfeln, Pinienkernen, Zitronenschale und Basilikum vermengen. Mit Salz und Pfeffer abschmecken. Je einen gehäuften Teelöffel Artischockenmischung auf jedes Wantan-Teigblatt setzen. Das Teigblatt zum Dreieck falten, die Ränder mit etwas Wasser anfeuchten und festdrücken. Auf ein mit Mehl bestäubtes Backblech legen und kalt stellen.

Für den Salat die Babyartischocken von den zähen Außenblättern befreien, längs halbieren und das lila „Heu" entfernen. Die geputzten Artischocken mit der Hälfte des Zitronensafts in eine Schüssel Wasser geben. Einzeln herausnehmen und mit einem Gemüsehobel in hauchdünne Scheiben schneiden. In eine Schüssel geben und mit restlichem Zitronensaft, Olivenöl, Feldsalat und Parmesan vermengen. Mit Salz und Pfeffer würzen.

Salzwasser in einem großen Topf zum Kochen bringen und die Ravioli darin 2–3 Minuten garen. Mit einem Schaumlöffel herausnehmen. Die Ravioli auf Servierteller verteilen und mit Olivenöl beträufeln. Nach Belieben mit Shiso- und Basilikumsprossen garnieren und mit dem Artischockensalat servieren.

RISOTTO MIT GERÖSTETEM RADICCHIO UND ERDBEEREN

Die Italiener schätzen ihre Saisonprodukte so, dass sie oft Feste zu ihren Ehren feiern. Einen solchen Risotto bekam ich zum ersten Mal bei einer *festa di fragole* (Erdbeerfest) zu kosten. Die Zusammenstellung mag ein wenig seltsam klingen, aber das leicht bittere Radicchioaroma passt wirklich gut zur Süße der Erdbeeren. Dazu reicht man am besten etwas reduzierten Balsamico-Essig (siehe Tipp). *Für 4 Personen.*

Für den Radicchio
1 Radicchio (ca. 350 g)
Olivenöl, zum Beträufeln
Meersalz
2 EL Balsamico-Essig
Für den Risotto
2 EL Olivenöl, plus etwas mehr zum Beträufeln
50 g Butter
4 Schalotten, fein gewürfelt
375 g Risottoreis, z. B. Arborio
300 ml Weißwein

900 ml heiße Gemüsebrühe
Saft von ½ Zitrone
4 EL Mascarpone
Meersalz und Pfeffer
50 g Parmesan, frisch gerieben
8 Erdbeeren, geviertelt
1 EL fein gehackter frischer Schnittlauch (nach Belieben)
reduzierter Balsamico-Essig (siehe Tipp), zum Beträufeln, oder alter Balsamico-Essig

Eine Grillpfanne auf mittlerer Stufe erhitzen. Den Radicchio längs so vierteln, dass an jedem Viertel ein Stück Strunk bleibt (die dunkel verfärbten Teile abschneiden). Die Blätter auffächern, mit dem Olivenöl beträufeln und salzen. Den Radicchio in der heißen Pfanne von jeder Seite 2–3 Minuten anrösten. Wenn er zu bräunen beginnt, herausnehmen, auf einen Teller geben und mit dem Balsamico beträufeln. Abkühlen lassen und in dünne Streifen schneiden.

Für den Risotto das Olivenöl mit der Butter in einem Schmortopf erhitzen und die Schalotten darin glasig dünsten. Den Reis zugeben und 1 Minute unter Rühren glasig werden lassen. Die Hitze etwas reduzieren und den Wein zugießen. Wenn der Wein eingekocht ist, eine Kelle (ca. 200 ml) heiße Brühe zugeben. Umrühren und warten, bis der Reis die Brühe aufgesogen hat, dann weitere 200 ml Brühe zugeben. Auf diese Weise nach und nach die Brühe aufbrauchen, bis der Reis al dente gegart ist (ca. 20 Minuten). Zitronensaft, Radicchio und Mascarpone unterheben, mit Salz und Pfeffer abschmecken. Den Risotto vom Herd nehmen. Parmesan und die Hälfte der Erdbeeren unterheben. Mit den restlichen Erdbeeren und, falls verwendet, Schnittlauch garnieren, mit etwas Olivenöl und reduziertem Balsamico-Essig (siehe Tipp) oder alternativ mit altem Balsamico beträufeln.

Tipp Eine Flasche Balsamico-Essig (keinen hochwertigen, teuren Balsamico) in einen kleinen Topf gießen, sanft erwärmen und einköcheln, bis der Essig am Löffelrücken haftet. Vom Herd nehmen, in ein Gefäß umgießen, abkühlen lassen und erst dann verschließen. Der Essig braucht nicht im Kühlschrank aufbewahrt zu werden. Wenn er zu stark eingedickt ist, kann man ihn auf kleiner Stufe in der Mikrowelle oder in einer Schüssel mit kochend heißem Wasser 5 Sekunden erwärmen. Er schmeckt köstlich zu Risotto, Salat oder frischen Feigen mit Honig. Reduzierter Cabernet-Sauvignon-Essig ist ebenfalls sehr delikat.

GRAUPEN-RISOTTO MIT BUTTERNUSS-KÜRBIS

Dieses Risotto wird mit Gerste anstelle von Reis zubereitet. Besonderen Pfiff erhält das Gericht durch die Brühe. Kürbisschalen ergeben eine äußerst aromatische Brühe. Deshalb sollte man immer, wenn man Kürbisse verarbeitet, aus den Schalen Brühe kochen und sie zur späteren Verwendung einfrieren. *Für 4 Personen.*

Für die Kürbisbrühe

1 großer Butternuss-Kürbis

2 EL Olivenöl

1 Gemüsezwiebel, ungeschält und in Scheiben geschnitten

Lorbeerblatt

1 Zimtstange

1 Karotte

3 Knoblauchzehen

Für den Risotto

50 ml Olivenöl, plus etwas mehr zum Braten

Salz und Pfeffer

1 Prise frisch geriebene Muskatnuss

2 Schalotten, fein gewürfelt

1 TL gemahlener Kreuzkümmel

400 g Perlgraupen

100 ml trockener Weißwein

Saft und fein abgeriebene Schale von 1 unbehandelten Zitrone

60 g Parmesan, frisch gerieben

2 EL frisch gehackte Minze

40 ml Kürbiskernöl (nach Belieben)

Rucola, zum Servieren

Den Kürbis schälen. Für die Brühe etwas Olivenöl in einem großen Topf erhitzen. Die Zwiebel hineingeben und bei starker Hitze 2 Minuten anbraten. Kürbisschalen, Lorbeerblatt, Zimt, Karotte und Knoblauch zur Zwiebel geben und bei starker Hitze weitere 2 Minuten mitbraten. Den Kürbis quer halbieren. Den bauchigen Teil nochmals längs halbieren, die Kerne herauskratzen und diese zur Brühe geben. 2½ l Wasser zugießen, aufkochen und bei reduzierter Hitze 30 Minuten köcheln lassen. Die Brühe durch ein Sieb in eine Schüssel gießen und zurück in den Topf geben. 1 Liter Brühe abmessen. Falls sie nicht sofort verwendet werden soll, abkühlen lassen und dann in den Kühlschrank stellen oder einfrieren.

Den Backofen auf 180 °C vorheizen.

Die obere Kürbishälfte in 1 cm große Würfel schneiden und beiseitestellen. Die bauchige Hälfte in 2 cm große Stücke schneiden. Die größeren Kürbiswürfel auf ein Backblech legen, mit dem Olivenöl beträufeln, salzen, pfeffern und mit dem Muskat würzen und 20 Minuten im Ofen backen, bis sie weich sind. Aus dem Ofen nehmen und die Kürbiswürfel glatt pürieren.

Inzwischen etwas Olivenöl in einem großen Topf erhitzen. Schalotten, Kreuzkümmel und kleine Kürbiswürfel darin goldbraun anbraten. Die Graupen zugeben und 1 Minute unter ständigem Rühren mitbraten. Den Wein zugießen und warten, bis er ganz eingekocht ist. Dann eine große Kelle von der heißen Kürbisbrühe zugießen, vollständig einkochen lassen und die nächste Kelle Brühe zugeben. So fortfahren, bis die Graupen weich sind und die Brühe vollständig eingekocht ist (ca. 30 Minuten). Das Kürbispüree unterrühren und alles noch einmal durcherhitzen. Vom Herd nehmen, mit Zitronensaft und -schale abschmecken. Parmesan und Minze unterrühren, noch einmal abschmecken und nach Belieben mit dem Kürbiskernöl beträufeln. Mit Rucola garniert servieren.

KARTOFFEL-GNOCCHI

Mein erster Gnocchi-Versuch war ein Desaster! Nachdem ich einige Zeit in Italien zugebracht habe, klappt es jetzt schon viel besser. Die wichtigsten Tipps: Man braucht eine ausreichend große Arbeitsfläche, um mit dem Teig zu hantieren, und sollte mit der Mehlmenge vorsichtig sein – man kann immer noch etwas dazutun, aber nichts mehr wegnehmen.

Im Sommer passen dazu frische Erbsen, dicke Bohnen, etwas Ricotta und ein paar zerzupfte Minzeblätter. Ganz klassisch ist die unten beschriebene Version mit einer schlichten Tomatensauce, Basilikum und Parmesan. Eine raffinierte Alternative wäre, Salbeibutter (s. Seite 160), geviertelte, geröstete Artischocken aus dem Feinkostgeschäft und etwas Parmesan unter die Gnocchi zu mischen. *Für 4 Personen.*

1 kg große, mehlig kochende Kartoffeln
Salz und Pfeffer
1 Prise frisch geriebene Muskatnuss
bis zu 200 g Mehl, plus etwas mehr zum
  Bestäuben

1 Ei, verquirlt
Mediterrane Kirschtomaten-Sauce für 4 Personen
  (s. Seite 156)
1 Handvoll frisch zerzupfte Basilikumblätter
frisch geriebener Parmesan, zum Servieren

Den Backofen auf 200 °C vorheizen.

Die Kartoffeln waschen, auf ein beschichtetes Backblech legen und im Ofen weich backen (je nach Größe 1½–2 Stunden – durch Anstechen prüfen). Aus dem Ofen nehmen, kurz abkühlen lassen, halbieren und aus den Schalen löffeln. Mit einer Kartoffelpresse pürieren, solange sie noch warm sind (wichtig!).

Das Kartoffelpüree auf eine saubere Arbeitsfläche geben, gut mit Salz und Pfeffer würzen, Muskat und 150 g Mehl zugeben und alles kurz verkneten. Eine Mulde in die Mitte drücken, das Ei hineingeben und nach und nach mit der Kartoffelmasse verkneten, sodass ein weicher Teig entsteht. Den Teig nicht zu gründlich durchkneten. Nach Bedarf noch etwas vom restlichen Mehl zugeben, aber nicht zu viel, sonst werden die Gnocchi zu fest.

Vor der Weiterverarbeitung probehalber ein paar Gnocchi kochen, um zu prüfen, wie sie schmecken und ob sie nicht zerfallen. Einen großen Topf mit Salzwasser zum Kochen bringen. Ein Bällchen aus 1 Teelöffel Teig formen und 2–3 Minuten im leise köchelnden Salzwasser garen, bis es an die Oberfläche steigt. Herausnehmen und probieren, ob die Würze stimmt. Wenn es zerfällt, noch etwas mehr Mehl in den Teig einarbeiten.

Den Gnocchi-Teig in 4 gleiche Portionen teilen. Jede Portion auf einer bemehlten Arbeitsfläche zu einer Rolle von etwa 2 cm Durchmesser formen und in 3 cm lange Stücke schneiden.

Die Gnocchi auf ein bemehltes Backblech legen. (Traditionell wird noch das typische Rillenmuster mit einem Gabelrücken in die Gnocchi gedrückt, damit die Sauce besser an ihnen haftet, aber das finde ich nicht entscheidend.) Die vorbereiteten Gnocchi können bis zu 5 Stunden im Kühlschrank aufbewahrt werden.

Nun die Gnocchi portionsweise im leise köchelnden Salzwasser 2–3 Minuten garen, bis sie an die Oberfläche steigen. Mit einem Schaumlöffel herausnehmen und in eine vorgewärmte Servierschüssel geben. Mit Tomatensauce und Basilikumblättern vermengen und den Parmesan darüberstreuen.

KOHLROULADEN MIT QUINOA, PILZEN UND KICHERERBSEN

Als ich Quinoa das erste Mal probierte, fand ich es fade und langweilig! Dann wurden die Körner als trendige Gesundheitskost angepriesen, also begann ich doch, damit zu experimentieren, und stellte fest, dass sie eigentlich recht wohlschmeckend sind und eine interessante Konsistenz haben. Das Rezept lässt sich abwandeln, indem man ein paar Nüsse dazugibt, oder man kann die Quinoa mit etwas Gruyère bestreut als eigenständiges Gericht servieren. Anstelle der Kohlblätter kann man auch Mangold verwenden. *Für 4 Personen.*

10 g getrocknete Steinpilze

4 EL Olivenöl

1 Zwiebel, fein gehackt

2 Selleriestangen, fein gehackt

2 Karotten, fein gehackt

3 Knoblauchzehen, fein gehackt

100 g braune Champignons, in feine Scheiben geschnitten

100 g Quinoa

200 ml Rotwein

Meersalz und frisch gemahlener schwarzer Pfeffer

80 g gegarte Kichererbsen

8–12 Blätter von einem großen Wirsing oder Weißkohl

800 g Tomaten aus der Dose, zerdrückt

1 TL Zucker

1 Prise Meersalz

100 g Gruyère, gerieben

Den Backofen auf 200 °C vorheizen. Die Steinpilze mit 200 ml kochendem Wasser übergießen und einweichen. Die Hälfte des Öls in einem mittelgroßen Topf erhitzen. Die Hälfte der Zwiebel, des Selleries, der Karotten und des Knoblauchs hineingeben und bei mittlerer Hitze weich dünsten. Die Champignons zugeben und 3 Minuten mitdünsten.

Die Quinoa hinzufügen und unter ständigem Rühren 1 Minute mitgaren. Die Steinpilze mit der Einweich-flüssigkeit zugeben, die Hälfte des Weins zugießen, gut salzen und pfeffern. Aufkochen, dann bei reduzierter Hitze zugedeckt 15–20 Minuten köcheln lassen, bis die Flüssigkeit weitgehend eingekocht und die Quinoa weich ist. Nochmals abschmecken und die Kichererbsen unterrühren.

Einen großen Topf mit leicht gesalzenem Wasser zum Kochen bringen. Die Kohlblätter darin 5 Minuten kochen, bis sie weich sind. Abgießen, unter kaltem Wasser abschrecken und gut abtropfen lassen.

Die harten Mittelrippen keilförmig herausschneiden. Die Blätter mit den Blattadern nach oben und die Schnitt-stellen leicht überlappend auf eine Arbeitsfläche legen. Je nach Größe der Blätter etwa 2 gehäufte Esslöffel Quinoamischung auf ein Kohlblatt geben und das Blatt einrollen, dabei die Seiten einschlagen, sodass ein Päckchen entsteht. Die Kohlrouladen mit der „Naht" nach unten in eine große Auflaufform legen.

Das restliche Öl in einem Topf auf mittlerer Stufe erhitzen. Die restliche Zwiebel, Sellerie, Karotte und Knoblauch darin weich andünsten. Den übrigen Wein mit Tomaten, Zucker und Salz zugeben und zum Kochen bringen. Bei reduzierter Hitze auf die halbe Flüssigkeitsmenge einköcheln lassen. Über die Kohlrouladen gießen, die Form mit Alufolie abdecken und die Kohlrouladen im Backofen 40 Minuten garen.

Herausnehmen, die Folie entfernen, mit Gruyère bestreuen und heiß servieren.

PASTINAKEN-RISOTTO

Diesen Risotto habe ich zum ersten Mal zubereitet, als ich im Restaurant *Coast* mit Küchenchef Stephen Terry arbeitete, den ich sehr bewundere. Durch das Pastinakenpüree wird der Risotto besonders cremig und aromatisch, und der Thymian-Pesto bildet eine hervorragende Ergänzung zur Süße der Pastinaken.

Aus den Pastinakenschalen und -resten lässt sich eine ideale Brühe für diesen Risotto oder herzhafte Wintersuppe kochen. Man kann aber auch einfach Gemüsebrühe verwenden. *Für 4 Personen.*

Für die Pastinakenbrühe (ergibt 2 l)

1 EL Olivenöl

1 Gemüsezwiebel, in feine Ringe geschnitten

Schalen und Schnittabfall von den hier im Rezept
  verwendeten 5 Pastinaken

Für das Pastinakenpüree

2 mittelgroße Pastinaken

50 g Butter

1 Knoblauchzehe, in feine Scheiben geschnitten

300 ml Milch

1 Prise Meersalz und Pfeffer

Für den Risotto

3 große Pastinaken

25 g Butter

2 EL Olivenöl

4 Schalotten, fein gewürfelt

350 g Risottoreis (z. B. Arborio)

Saft von 1 Zitrone

4 EL Mascarpone

Meersalz und schwarzer Pfeffer

50 g Parmesan, frisch gerieben

Thymian-Pesto für 4 Personen (s. Seite 162)

Alle hier verwendeten Pastinaken putzen, schälen, längs vierteln und ggf. den holzigen Mittelstrunk herausschneiden. Die Viertel der großen und mittelgroßen Pastinaken getrennt beiseitelegen. Die Abfälle nicht wegwerfen.

Für die Pastinakenbrühe das Olivenöl in einem großen Topf stark erhitzen. Die Zwiebel darin kräftig anbräunen. Die Pastinakenschalen und -reste mit 2 l Wasser zugeben, zum Kochen bringen und abgedeckt 30 Minuten köcheln lassen. Die Brühe durch ein Sieb in einen Topf gießen und heiß halten. Das Gemüse wegwerfen.

Für das Püree die Viertel der 2 mittelgroßen Pastinaken in 1 cm dicke Stücke schneiden. Die Butter in einem kleinen Topf zerlassen. Die Pastinakenstücke zugeben und bei mittlerer Hitze leicht anbräunen. Knoblauch, Milch, Salz und Pfeffer zufügen und 12 Minuten köcheln lassen. Abgießen (dabei den Milchsud aufheben) und die Pastinaken pürieren; das Püree bei Bedarf mit etwas Milchsud verdünnen.

Für den Risotto die Viertel der 3 großen Pastinaken in 1 cm große Würfel schneiden. Die Butter in einer kleinen Pfanne zerlassen, die Pastinakenwürfel zugeben, salzen, pfeffern und bei mittlerer Hitze bräunen und durchgaren. Vom Herd nehmen.

Das Olivenöl in einem Schmortopf auf mittlerer Stufe erhitzen. Die Schalotten glasig dünsten. Den Reis zugeben und 1 Minute unter Rühren glasig werden lassen. Die Hitze reduzieren und eine Kelle Pastinakenbrühe zugeben. Umrühren und warten, bis der Reis die Brühe aufgesogen hat, dann weitere 200 ml Brühe zugeben. Nach und nach Brühe zugeben und unter Rühren einköcheln lassen, bis der Reis *al dente* gegart ist (ca. 20 Minuten).

Das Pastinakenpüree und die Pastinakenwürfel unterheben. Zitronensaft und Mascarpone unterziehen, mit Salz und Pfeffer abschmecken. Vom Herd nehmen, den Parmesan unterrühren und mit dem Thymian-Pesto servieren.

GEFÜLLTER TOFU IN BACKTEIG MIT PIKANTEM ERBSENPÜREE

Eine raffinierte Alternative zu Backfisch. Wahlweise kann der Tofu auch gedämpft werden.   *Für 4 Personen.*

Für den Ginger-Beer-Teig

220 g Mehl, plus etwas mehr zum Bestäuben

2 TL Salz

2 TL Backpulver

1 Prise Cayennepfeffer oder Paprikapulver

450 ml Ginger Beer (in Asia-Shops erhältlich)
oder Malzbier

2 TL gemahlener Ingwer oder 4-cm-Stück
Ingwerwurzel, geschält und fein gerieben

Pflanzenöl, zum Ausbacken

Für den Tofu

2 EL Traubenkern- oder Erdnussöl

2 Knoblauchzehen, fein gehackt

2-cm-Stück Ingwerwurzel, geschält und gerieben

200 g Shiitake-Pilze, entstielt und fein gewürfelt

1 frische grüne Chili, entkernt und fein gehackt

1 Frühlingszwiebel, in feine Ringe geschnitten

1 EL Mirin (süßer japanischer Reiswein)

2 EL Sojasauce

2 EL frisch gehackter Koriander, Minze oder
Basilikum

2 Blöcke fester Tofu

Pflanzenöl, zum Ausbacken

50 g Mehl

Salz und Pfeffer

1 Zitrone, in 4 Spalten geschnitten

Für das Erbsenpüree

2 EL Olivenöl

2 Schalotten, fein gehackt

1 Knoblauchzehe, fein gehackt

400 g Markerbsen aus der Dose, abgetropft

1 frische rote Chili, entkernt und fein gehackt

Saft und abgeriebene Schale von
½ unbehandelten Zitrone

½ Bund fein gehackte frische Minze

Salz und Pfeffer

Für den Bierteig Mehl, Salz, Backpulver und Cayennepfeffer in einer Schüssel vermischen. Das Ginger Beer und den Ingwer unterrühren. Den Teig vor der Weiterverwendung mindestens 20 Minuten kalt stellen.

Für die Tofu-Füllung das Öl in einer Pfanne erhitzen. Knoblauch, Ingwer, Shiitake-Pilze, Chili und Frühlingszwiebel darin weich düsten. Mirin und Sojasauce zugießen und 2 Minuten mitgaren. Vom Herd nehmen, die Kräuter unterrühren und abkühlen lassen.

Die Tofublöcke senkrecht halbieren, auf die Seite legen und in der Mitte etwas einschneiden. Die Pilzmischung mithilfe eines Teelöffels in die Einschnitte füllen. Bis zur Weiterverarbeitung kalt stellen.

Wenn der Tofu gedämpft werden soll, diesen im Dämpfkorb in einen Wok mit kochendem Wasser hängen und 5–7 Minuten dämpfen. Wenn der Tofu gebacken werden soll, reichlich Pflanzenöl in eine tiefe Pfanne füllen und auf 180°C erhitzen. Die Tofublöcke in dem Mehl wenden, in den Bierteig eintauchen (mit dem Einschnitt nach oben) und ins heiße Öl geben. Je nach Größe der Pfanne den Tofu in 2 Portionen ausbacken. Die Tofustücke 2–3 Minuten rundum goldbraun backen, dann vorsichtig herausnehmen, auf Küchenpapier entfetten und salzen.

Für das Erbsenpüree das Olivenöl in einem kleinen Topf erhitzen. Schalotten und Knoblauch darin bei schwacher Hitze weich dünsten. Die Markerbsen mit Chili, Zitronensaft und -schale und 1 Esslöffel Wasser in den Topf geben und sanft erwärmen. Die Minze unterheben, mit Salz und Pfeffer abschmecken und servieren.

IN MISO MARINIERTE AUBERGINE IM KATAIFI-MANTEL

Miso ist ein ausgesprochen gesundes Nahrungsmittel mit hohem Gehalt an Eiweiß, Vitaminen, Mineralstoffen und essenziellen Aminosäuren. Meine Freundin Lori machte mich mit dieser japanischen Würzpaste aus vergorenen Sojabohnen bekannt, da sie als ernährungsbewusste Vegetarierin das vegetarische Angebot in Restaurants oft ziemlich einfallslos fand. Seitdem benutze ich Miso häufig als Marinade. Aus etwas Miso, Wasser, frischem Gemüse, Sojasauce, Chili und Ingwer lässt sich aber auch ganz schnell und einfach eine außerordentlich gesunde Suppe zaubern, die mit ein paar Reisnudeln blitzschnell zum kompletten Abendessen wird. In dieser Form verzehre ich Miso mindestens einmal wöchentlich. Griechischen Kataifi-Teig gibt es in griechischen Spezialitätengeschäften; in türkischen Lebensmittelläden heißen die langen Teigfäden „Kadayif". *Für 4 Personen.*

Für die Aubergine

1 Aubergine, längs geviertelt

Salz und Pfeffer

9 EL gelbe oder rote Miso-Paste

2 Knoblauchzehen, gerieben

4-cm-Stück Ingwerwurzel, gerieben

3 EL Sojasauce

3 EL Mirin (süßer japanischer Reiswein)

1½ EL Sesamöl

1 kleine Packung Kataifi-Teig

200 g Butter, zerlassen

Pflanzenöl, zum Ausbacken

Für den Salat

1 Handvoll Mungbohnensprossen

1 Avocado, halbiert, geschält, entkernt und mit einer Gabel grob zerkleinert

¼ Salatgurke, geschält, in dünne Scheiben geschnitten

2 Frühlingszwiebeln, schräg in dünne Ringe geschnitten

Ingwer-Miso-Dressing für 4 Personen (s. Seite 152)

1 Bund frische Brunnenkresse

1 Schale Shisosprossen

1 Schale Koriandersprossen, alternativ Korianderblätter

2 TL Sesamsaat, geröstet

1 Zitrone, in 4 Spalten geschnitten

Die Aubergine salzen, pfeffern und in einem Topf mit etwas Wasser 6 Minuten weich dämpfen. Abkühlen lassen.

In einer Schüssel Miso, Knoblauch, Ingwer, Sojasauce, Mirin und Sesamöl gut verrühren. Die abgekühlten Auberginenstücke in der Miso-Marinade wenden.

Den Kataifi-Teig auf einer Arbeitsfläche ausbreiten, die Teigfäden auflockern und auf die Länge der Auberginenstücke auseinanderziehen. Mit der zerlassenen Butter bestreichen und die Auberginenstücke einzeln in den Teig einwickeln. In einer tiefen Pfanne reichlich Öl auf 180 °C erhitzen und die Auberginen darin portionsweise je 1 Minute goldbraun ausbacken.

Für den Salat Bohnensprossen, Avocado, Gurke und Frühlingszwiebeln in einer Schüssel vermengen und mit dem Dressing anmachen.

Vor dem Servieren die Brunnenkresse auf 4 Teller verteilen und den Salat daraufgeben. Ein Auberginenstück daneben anrichten und mit beiden Sprossensorten und Sesam garnieren. Dazu die Zitronenspalten reichen.

AUBERGINEN-MOZZARELLA-RÖLLCHEN MIT RÄUCHERPÜREE

Auberginen sind sehr vielseitig. Sie können mit den verschiedensten Würzzutaten auf vielerlei Weise zubereitet werden, ob gebraten, geräuchert, gedämpft, gebacken, gegrillt, püriert oder pikant eingelegt. *Für 4 Personen.*

Für die Auberginen-Mozzarella-Röllchen

2 große Auberginen

6 EL Olivenöl

Meersalz und Pfeffer

3 frische Rosmarinzweige

2 TL Fenchelsamen, leicht geröstet

2 frische rote Chilis, entkernt und fein gehackt

2 Knoblauchzehen, mit 1 TL Meersalz zerdrückt

500 g Büffelmozzarella

Rucola, zum Garnieren

Für das Räucherpüree

2 Auberginen

900 g Kartoffeln

100 g Butter, gewürfelt

100 g heiße Schlagsahne extra (mind. 36 % Fett) oder 100 ml heiße Milch

Meersalz und schwarzer Pfeffer

20 Kapernäpfel (nach Belieben)

Für die Röllchen die Auberginen längs in 2 cm dicke Scheiben schneiden (insgesamt 8). Diese beiderseits mit etwas Olivenöl bestreichen, salzen und pfeffern. Eine Grillpfanne (oder einen Holzkohlegrill) erhitzen und die Auberginenscheiben bei mittlerer Hitze 2 Minuten von jeder Seite goldbraun rösten. In eine flache Form legen.

Die Rosmarinblätter abstreifen und fein hacken. (Die Zweige aufbewahren.) Mit Fenchel, Chilis und Knoblauch im Mörser zerstoßen. Das restliche Olivenöl zugeben und alles gut vermengen. Die Marinade über die Auberginen geben, diese gut darin wenden und mindestens 30 Minuten oder über Nacht im Kühlschrank marinieren.

Den Backofengrill vorheizen. Die Auberginenscheiben aus der Marinade nehmen und auf eine Arbeitsfläche legen. (Die Marinade zum Servieren aufheben.) Den Mozzarella in 8 Stücke schneiden und je 1 Stück auf ein Ende jeder Auberginenscheibe legen. Die Auberginen um den Mozzarella einrollen und mit je einem Rosmarinzweig fixieren. Die Röllchen auf ein Backblech legen und unter dem heißen Backofengrill überbacken.

Für das Püree die Auberginen rundum mit einer Gabel einstechen und über einer Gasflamme, in einer Grillpfanne oder auf dem Holzkohlegrill von allen Seiten kräftig anrösten, bis sich die Haut schwarz färbt. Die Auberginen in einem Sieb abkühlen lassen. Dann längs halbieren, das Fleisch herauslöffeln und in das Sieb geben, um die bitteren Säfte abtropfen zu lassen.

Die Kartoffeln schälen und in 4 cm große Würfel schneiden. Falls ein Dampfgarer zur Verfügung steht, die Kartoffeln darin 30 Minuten dämpfen. Überschüssiges Wasser abtropfen lassen und die Kartoffelwürfel in einen Topf geben. (Ohne Dampfgarer die geschälten Kartoffeln in einem Topf mit leicht gesalzenem Wasser zum Kochen bringen und 25 Minuten kochen. Gut abtropfen lassen, zurück in den Topf geben und 1 Minute ausdampfen lassen.) Die Butter zugeben und die Kartoffeln mit einem Kartoffelstampfer zu Püree zerstampfen.

Heiße Sahne oder Milch zugießen und mit einem Holzlöffel gut unterrühren. Das Auberginenfleisch mit dem Stampfer unterheben und mit Salz und Pfeffer abschmecken.

Die Auberginenröllchen mit etwas Rucola auf dem Püree anrichten und mit der restlichen Marinade beträufeln. Auch ein paar Kapernäpfel passen sehr gut zu diesem Gericht.

AUBERGINEN-TOMATEN-CURRY MIT CASHEWKERNEN

2004 unternahm ich eine einmonatige Rundreise durch Indien – ein echtes Sinnesabenteuer, bei dem ich einige großartige vegetarische Gerichte zu kosten bekam. In Rajasthan aß ich ein ähnliches Curry wie dieses und konnte es kaum erwarten, nach Hause zu kommen, um meine eigene Interpretation des Rezepts zu kreieren.

Wer keinen Gasherd hat, kann die Auberginen auch auf einem Holzkohlegrill oder in einer beschichteten Pfanne anrösten, um ihnen das spezielle rauchige Aroma zu geben. Ich serviere dieses Curry gern kalt mit grünem Salat, Pita-Brot und griechischem Joghurt. *Für 4 Personen.*

2 Auberginen	**100 g geröstete Cashewkerne, zerstoßen**
2 EL Erdnussöl	**Meersalz**
1 kleine Zwiebel, fein gehackt	**1 Spritzer Zitronensaft**
3-cm-Stück Ingwerwurzel, fein gehackt	**1 Bund fein gehackter frischer Koriander**
3 Knoblauchzehen	**frische Korianderzweige, zum Garnieren**
2 frische rote Chilis, entkernt und fein gehackt	*Zum Servieren*
1 EL Garam Masala (indische Gewürzmischung)	**Kokos-Basmatireis für 4 Personen**
800 g Romatomaten aus der Dose	**(s. Seite 102)**
1 TL Zucker	**indische Papadams**

Den Backofen auf 190 °C vorheizen.

Eine der Auberginen über einer Gasflamme, auf dem Grill oder in einer Grillpfanne unter häufigem Wenden anrösten, bis sich die Haut schwarz verfärbt. Die andere Aubergine etwa 15 Minuten im Ofen backen. Beide abkühlen lassen. Die Auberginen längs halbieren, das Fleisch herauslöffeln und in ein Sieb geben, damit etwaige bittere Säfte abtropfen können.

Das Öl in einer großen Pfanne auf mittlerer Stufe erhitzen. Die Zwiebel darin 2 Minuten leicht anbraten. Ingwer, Knoblauch, Chilis und Garam Masala zugeben und alles 2 Minuten mitbraten. Die Tomaten mit ihrem Saft zugeben und grob zerdrücken. Auberginenfleisch, Zucker und Cashewkerne zugeben, salzen und 20 Minuten köcheln lassen. Abschließend mit dem Zitronensaft abschmecken und bei Bedarf mit etwas Wasser verdünnen.

Den gehacken Koriander unterheben, das Curry mit ein paar Korianderzweigen garnieren und mit Kokos-Basmatireis und Papadams als Beilage servieren.

GEMÜSEPÄCKCHEN MIT KOKOSLINSEN

Rote Linsen gehören zu meinen liebsten Hülsenfrüchten. Wer sie in dieser Form gerne mag, kann bei Gelegenheit auch noch etwas mehr Kokosmilch dazugeben und die Linsen als Suppe servieren; wenn man ein Drittel davon im Mixer püriert, wird das Ganze etwas sämiger. Ich blanchiere die roten Linsen vor der Zubereitung immer (was sonst in Rezepten nicht vorgesehen ist) und spüle sie dann kalt ab, um etwaige Verunreinigungen zu entfernen. *Für 4 Personen.*

Für die Linsen

50 g Tamarindenpaste

130 g rote Linsen

2 EL Erdnuss- oder anderes Pflanzenöl

2 Bananenschalotten (oder 3–4 normale), gehackt

1 frische rote Chili, entkernt und fein gehackt

2-cm-Stück Ingwerwurzel, geschält und fein gehackt oder gerieben

2 Knoblauchzehen, fein gehackt

1 kleines Bund frischer fein gehackter Koriander mit Wurzeln

2 Stängel Zitronengras, fein gehackt

400 ml Kokosmilch

Saft von ½ Limette

2 EL Sojasauce

2 EL frisch gehackte Minze

20 frisch zerzupfte Thai-Basilikumblätter (nach Belieben)

Salz und Pfeffer

Gemüsemischung

8 grüne Spargelstangen, holzige Enden entfernt

2 Pak Choi, längs halbiert

8 Babymaiskolben

200 g Mungbohnensprossen

320 g Tofu, in 4 gleich große Stücke geschnitten

2 Frühlingszwiebeln, in feine Ringe geschnitten

Für die Linsen die Tamarindenpaste 30 Minuten in 150 ml heißem Wasser einweichen, dann mit einem Löffelrücken durch ein Sieb in eine Schüssel streichen. Kerne und Fasern wegwerfen und die Paste beiseitestellen.

Inzwischen die Linsen in einen Topf geben, mit Wasser bedecken, zum Kochen bringen und in ein feinmaschiges Sieb abgießen. Mit kaltem Wasser abspülen und abtropfen lassen.

Den Backofen auf 180 °C vorheizen.

Das Öl in einem großen Topf erhitzen. Schalotten, Chili, Ingwer, Knoblauch, Koriander und Zitronengras hineingeben und bei mittlerer Hitze 5 Minuten anbraten. Linsen, Kokosmilch, Tamarindenpaste, Limettensaft und Sojasauce zugeben und alles unter gelegentlichem Rühren 30 Minuten köcheln lassen, bis die Linsen gar sind. Abkühlen lassen, die Kräuter unterrühren und mit Salz und Pfeffer abschmecken.

Für das Gemüse einen großen Topf mit Salzwasser zum Kochen bringen. Den Spargel darin 1 Minute kochen, dann Pak Choi und Maiskölbchen zugeben und noch 1 Minute mitkochen. Die Bohnensprossen zufügen und weitere 30 Sekunden mitkochen. Das Gemüse abgießen, mit kaltem Wasser abschrecken und abtropfen lassen.

Vier Backpapierquadrate (38 cm x 38 cm) auf eine Arbeitsfläche legen. Die abgekühlte Linsenmischung auf die Quadrate verteilen, dann Tofustücke und Gemüse auf die Linsen geben. Mit den Frühlingszwiebeln bestreuen. Die Ecken der Papierquadrate nach oben schlagen und mit einem Streifen Backpapier verschnüren. Die Päckchen auf ein Backblech setzen und 20 Minuten im Ofen backen. Heiß servieren.

WÜRZIGER MANGOLD MIT BOHNEN UND COUSCOUS

Mangold ist nicht nur reich an Eisen, Vitamin A sowie B-Vitaminen, sondern verkörpert eigentlich zwei Gemüse in einem. Seine Blätter sind robuster und deftiger als Spinat und eignen sich ausgezeichnet für Risottos, Quiches, Suppen und als „Hülle" für Füllungen, wie bei den Kohlrouladen auf Seite 60. Seine Stiele sind mit etwas Zitronensaft, Weißwein, Olivenöl und Kräutern geschmort ausgesprochen lecker. Bei diesem Rezept werden Stiele und Blätter verwendet. Als Variation könnte man statt der Bohnen Kichererbsen verwenden. Das Gericht kann als herzhaftes Abendessen oder als Beilage serviert werden.   *Für 4 Personen.*

Für den Mangold

1 große Staude Mangold

50 ml Olivenöl

1 Zwiebel, fein gewürfelt

2 Knoblauchzehen, fein gehackt

4 TL Kreuzkümmelsamen

2 TL gemahlener Koriander

1 große Prise Safranfäden

4 TL gemahlener Kreuzkümmel

2 TL edelsüßes Paprikapulver

2 TL geräuchertes Paprikapulver

1 frische rote Chili, entkernt und fein gehackt

Saft von 1 Zitrone

100 ml Gemüsebrühe

Meersalz und Pfeffer

400 g Lima- oder Cannellini-Bohnen aus der Dose, abgetropft

1 kleines Bund grob gehackter frischer Koriander

1 kleines Bund grob gehackte frische Minze

Für den Couscous

80 g Sultaninen

350 g Instant-Couscous

50 g Butter, gewürfelt

350 ml kochendes Wasser

30 g Pinienkerne, geröstet

Getrocknete Tomaten für 4 Personen (s. Seite 158), 8 EL griechischer Joghurt und geröstetes Fladenbrot oder alternativ Rote-Linsen-Daal (s. Seite 114), zum Servieren

Die Mangoldstiele von den Blättern schneiden. Beides gründlich in kaltem Wasser waschen; das Wasser mehrmals wechseln. Die Stiele längs halbieren, dann schräg in 4 cm lange Stücke schneiden. Die Blätter in breite Streifen schneiden und beiseitestellen.

Das Olivenöl in einem großen Topf erhitzen. Zwiebel und Knoblauch hinzufügen und goldgelb anbraten. Gewürze und Chili zugeben und bei mittlerer Hitze 5 Minuten mitbraten, bis sie zu duften beginnen. Mangoldstiele, Zitronensaft, Brühe, Salz und Pfeffer hineingeben. Bei reduzierter Hitze 10 Minuten zugedeckt köcheln lassen. Mangoldblätter und Bohnen zufügen und unterheben. Weitere 10 Minuten zugedeckt köcheln. Vom Herd nehmen und nochmals mit Salz und Pfeffer abschmecken. Koriander und Minze unterheben.

Für den Couscous die Sultaninen 10 Minuten in heißem Wasser einweichen, dann abgießen. Couscous, Sultaninen und Butter in eine Schüssel geben, 1 Prise Salz zugeben und mit dem kochenden Wasser übergießen. Mit Frischhaltefolie abdecken und 3–4 Minuten durchziehen lassen. Die Folie abnehmen, den Couscous mit der Gabel auflockern und die Pinienkerne unterheben. Warm mit Tomaten, Joghurt und geröstetem Fladenbrot servieren. Rote-Linsen-Daal passt ebenfalls sehr gut dazu.

TOMATEN-FETA-BAKLAVA MIT MANDELN UND DATTELN

Baklava ist normalerweise eine Süßspeise, aber ich denke gern über solche traditionellen Kategorien hinaus und stelle fest, dass sich dadurch ganz neue kulinarische Welten auftun. Dieses etwas andere Rezept ergibt jedenfalls ein außergewöhnlich schmackhaftes Gericht, das man warm oder kalt servieren kann. *Für 4 Personen.*

100 ml Olivenöl

5 Gemüsezwiebeln, halbiert und in feine Scheiben geschnitten

2 Knoblauchzehen, fein gehackt

2 TL Zimt

1 Prise Zucker

1 Bund fein gehackter frischer Dill (oder 3 TL getrockneter Dill)

8 Romatomaten, gehäutet und grob gehackt (die Hälfte des austretenden Safts aufheben)

3 TL Tomatenmark

9 Filoteigblätter (je 30 cm x 20 cm)

150 g Butter, zerlassen

60 g Mandeln, abgezogen und grob gemahlen

100 g getrocknete Datteln, entsteint und in feine Scheiben geschnitten

250 g Feta, zerdrückt

6 EL klarer Honig

Fenchelsalat (s. Seite 100) oder Zaziki, zum Servieren

Den Backofen auf 180 °C vorheizen.

Das Olivenöl in einem großen Topf erhitzen. Die Zwiebeln darin bei schwacher Hitze andünsten. Knoblauch, Zimt und Zucker zugeben, die Hitze heraufschalten und die Zwiebeln 6 Minuten bräunen und karamellisieren. Dill, Tomaten (mit der Hälfte ihres Safts) und Tomatenmark zugeben und etwa 5 Minuten lang einköcheln lassen.

Die Teigblätter, die gerade nicht verarbeitet werden, mit einem feuchten Tuch abdecken, damit sie nicht austrocknen. Eine Backform (30 cm x 20 cm) mit etwas zerlassener Butter einfetten. Die Form mit einer Lage Filoteig auslegen, diesen mit etwas Butter bestreichen, noch eine Lage Teig darauflegen und so fort, bis die Form mit drei Schichten Teig ausgelegt ist.

Die Hälfte der Zwiebelmischung auf den Teig verteilen. Die Hälfte der Mandeln, Datteln und des Fetas daraufgeben. 3 Lagen Filoteig aufeinanderlegen, dabei jeweils mit zerlassener Butter bestreichen, und die Zwiebel-Feta-Mischung damit abdecken. Den Rest der Zwiebeln, Mandeln, Datteln und des Fetas daraufgeben und wiederum mit 3 Lagen gebuttertem Filoteig abdecken. Die Teigoberfläche rauten- oder gitterförmig einritzen, mit Butter bestreichen und mit etwas Wasser beträufeln. Im Backofen 30–35 Minuten goldbraun backen.

Vor dem Servieren leicht abkühlen lassen und dann mit dem Honig beträufeln. Dazu Fenchelsalat oder etwas Zaziki reichen.

SAGENHAFTE
Snacks

DUKKA-EIER MIT KICHERERBSENPASTE

Dukka ist eine aromatische Gewürzmischung mit Sesam und gerösteten Nüssen.   *Für 4 Personen.*

Für das Dukka

50 g Haselnüsse, abgezogen

40 g Sesamsaat

5 TL Koriandersamen

4 TL Kreuzkümmelsamen

2 TL Meersalz

½ TL schwarzer Pfeffer

½ TL Paprikapulver

1 große Prise Cayennepfeffer

Für die Kichererbsenpaste

3 EL Olivenöl

2 Knoblauchzehen, fein gehackt

400 g Kichererbsen aus der Dose, abgespült und abgetropft

1 Prise Cayennepfeffer

½ TL geräuchertes Paprikapulver

Meersalz

Für die Gemüsemischung

1 Fenchel

3 EL Olivenöl

1 Knoblauchzehe, fein gehackt

500 g gemischtes Blattgemüse (z. B. Spinat, Rucola, Mangold, Löwenzahn)

Salz und Pfeffer

Saft von ½ Zitrone

Für die Eier

4 Eier aus Freilandhaltung (Zimmertemperatur)

4 Scheiben Sauerteigbrot, zum Servieren (nach Belieben)

Olivenöl, zum Beträufeln

Für das Dukka den Ofen auf 180 °C vorheizen. Haselnüsse und Sesam separat goldbraun im Ofen rösten. Dann Koriander- und Kreuzkümmelsamen etwa 2 Minuten anrösten, bis sie duften.

Haselnüsse und Samen in die Küchenmaschine oder einen großen Mörser geben, die restlichen Dukka-Zutaten hinzufügen und alles zu einer groben Masse vermahlen (nicht zu fein zerkleinern, sonst wird die Mischung fettig und matschig). Bis zum Gebrauch in einen luftdicht verschlossenen Behälter geben.

Für die Kichererbsenpaste das Olivenöl in einer Pfanne erhitzen, vom Herd nehmen, den Knoblauch zugeben und die Pfanne kreisen lassen. Kichererbsen, Cayennepfeffer und Paprika hinzufügen und wieder auf den Herd stellen. 150 ml Wasser zugeben und erhitzen. Die Mischung pürieren und mit Meersalz abschmecken. Warm halten.

Für die Gemüsemischung den Fenchel längs halbieren. Den Wurzelansatz entfernen und die Knolle in hauchdünne Scheiben schneiden. 2 Esslöffel Öl in einer großen Pfanne erhitzen. Fenchel und Knoblauch zugeben und weich dünsten, dann herausnehmen und beiseitestellen. Die Pfanne wieder auf den Herd stellen, das restliche Öl zufügen und dann das Blattgemüse in die Pfanne geben. Leicht zusammenfallen lassen, die Fenchelmischung wieder in die Pfanne geben und vorsichtig durchrühren. Würzen und mit Zitronensaft abschmecken.

Für die Eier Wasser in einem Topf zum Kochen bringen. Die Eier vorsichtig hineingeben und 5 Minuten kochen. Herausnehmen, abschrecken und abkühlen lassen. Schälen und beiseitestellen. Die Brotscheiben, falls verwendet, toasten. Die Eier kurz in kochendem Wasser aufwärmen und mit einem Schaumlöffel herausnehmen. Mit etwas Olivenöl beträufeln und rundum in der Dukka-Mischung wälzen. Jede Brotscheibe mit warmer Kichererbsenpaste bestreichen, Gemüsemischung und ein Dukka-Ei daraufgeben. Sofort servieren.

SUMAK-AUBERGINEN-SCHNITZEL MIT TABOULÉ

Auberginen sind ein überaus vielseitiges Gemüse – als Beweis dient hier die Zubereitung als Schnitzel mit Käse-Kräuter-Panade. Sumak ist in Asia-Shops erhältlich. Das rote Gewürz wird aus den getrockneten Früchten des Gerbersumachs gemahlen und schmeckt stark säuerlich. Ersatzweise kann auch Zitronenschale verwendet werden.   *Für 4 Personen.*

Linsen-Feta-Taboulé für 4 Personen (s. Seite 100)

Für die Auberginenschnitzel

1 große Aubergine

100 g frische Semmelbrösel

2 EL Sumak

15 g Parmesan, frisch fein gerieben

10 g fein gehackte Minze

10 g fein gehackte, frische glatte Petersilie

fein abgeriebene Schale von ½ unbehandelten Zitrone

Meersalz und Pfeffer

2 Eier

1 Schuss Milch

30 g Mehl

Olivenöl, zum Braten

Zitronenspalten, zum Garnieren

Zunächst das Taboulé nach dem Rezept auf Seite 100 zubereiten.

Die Aubergine in 2 cm dicke Scheiben schneiden. In einer Schüssel Semmelbrösel, die Hälfte des Sumak, Parmesan, Minze, Petersilie, Zitronenschale, Salz und Pfeffer vermischen. Eier mit Milch in einer anderen Schüssel verquirlen. Das Mehl auf einen Teller geben. Die Auberginenscheiben mit dem Mehl bestäuben, in die Eimasse tauchen und dann in der Semmelbröselmischung wenden.

Reichlich Olivenöl in einer großen beschichteten Pfanne erhitzen und die Auberginen bei mittlerer Hitze portionsweise etwa 3–4 Minuten von beiden Seiten goldbraun braten. Mit einem Pfannenwender herausnehmen und auf Küchenpapier abtropfen lassen.

Salzen und mit dem restlichen Sumak bestreuen.

Etwas Taboulé auf jeden Portionsteller geben und ein warmes Auberginenschnitzel darauflegen. Mit Zitronenspalten garnieren.

MISO-SUPPE MIT REISNUDELN

Ich koche diese Suppe mindestens einmal in der Woche – sie schmeckt köstlich und sättigt auf leichte Weise. Außerdem ist sie so schnell herzustellen, dass dafür buchstäblich eine Werbepause im Fernsehen reicht. Als Einlage können Sie verwenden, was Ihnen am besten schmeckt, etwa Zucchini, Zuckererbsen, Erbsen; probieren Sie auch festen Tofu. Ich persönlich liebe auch einen Schuss süße Chilisauce dazu.   *Für 4 Personen.*

250 g Reisnudeln
3-cm-Stück Ingwerwurzel, geschält und in feine
  Scheiben geschnitten
4 EL gelbe, rote oder weiße Miso-Paste
4 grüne Spargelstangen, in 3 cm lange Stücke
  geschnitten
4 Babymaiskolben, halbiert
1 Karotte, in feine Scheiben geschnitten

100 g braune Champignons, in feine Scheiben
  geschnitten
150 g Brokkoliröschen
4 EL frisch gehackter Koriander
50 g Mungbohnensprossen
2 Frühlingszwiebeln, in feine Ringe geschnitten
1 EL Sojasauce

Die Reisnudeln nach Packungsanweisung garen.

1 Liter Wasser mit dem Ingwer in einen großen Topf geben und aufkochen. Die Hitze reduzieren und die Miso-Paste einrühren. Spargel, Babymaiskolben, Karotte, Champignons und Brokkoli zugeben und 3 Minuten köcheln lassen.

Koriander, Sprossen, Frühlingszwiebeln und Sojasauce zugeben. Noch 1 Minute kochen. Dann die Reisnudeln zugeben.

Die Suppe in 4 Schalen füllen und dabei das Gemüse gleichmäßig verteilen. Sofort servieren.

FERNÖSTLICHER EINTOPF MIT WURZELGEMÜSE

An kalten Winterabenden gibt es nichts Schöneres, als sich mit einem köstlichen Eintopf aufzuwärmen. Das thailändisch gewürzte Gemüse in diesem Rezept sorgt für ein kräftiges, herzhaftes Aroma. Wenn Sie es gern etwas cremiger mögen, können Sie 400 ml der Brühe durch Kokosmilch ersetzen. Diese muss aber ebenfalls heiß sein, sonst verlängert sich die Garzeit im Ofen um 10 Minuten.

Variieren Sie doch auch einmal die Gemüseeinlage. Sellerie, Topinambur und Kürbis, sogar Rosenkohl eignen sich dafür. *Für 4 Personen.*

1 Süßkartoffel

1 Steckrübe

2 Karotten

2 Pastinaken

2 weiße Rüben

3 EL Traubenkern- oder Pflanzenöl

1 Zwiebel, gehackt

2 Knoblauchzehen, fein gehackt

2-cm-Stück Ingwerwurzel, geschält und fein gehackt

1 frische rote Chili, fein gehackt

4 Stängel Zitronengras, fein gehackt (nach Belieben)

600 ml heiße Gemüsebrühe

3 EL Sojasauce

Salz und Pfeffer

1 kleines Bund fein gehackter frischer Koriander

Kartoffelpüree oder Polenta, zum Servieren

Den Backofen auf 190 °C vorheizen.

Das Wurzelgemüse putzen, schälen und in 3 cm große Würfel schneiden. 1 Esslöffel Öl in einer großen Pfanne stark erhitzen, die Süßkartoffelwürfel hineingeben und leicht anbräunen, dann in einen Bräter geben. Wieder 1 Esslöffel Öl in die Pfanne geben und darin Zwiebel, Steckrübe und Karotten braun braten, dann zur Süßkartoffel geben. Ebenso mit den Pastinaken und weißen Rüben verfahren. Sobald diese bräunen, Knoblauch, Ingwer, Chili und, falls verwendet, Zitronengras zugeben und 1 Minute garen. Alles zum Gemüse in den Bräter geben. Heiße Brühe und Sojasauce hinzufügen und alles gut vermischen. Das Gericht 20–30 Minuten im Ofen schmoren.

Aus dem Ofen nehmen, mit Salz und Pfeffer abschmecken und den Koriander darüberstreuen. In großen Schalen anrichten und Kartoffelpüree oder Polenta dazu reichen.

Tipp Wenn Sie keinen Bräter besitzen, können Sie den Eintopf auch bei schwacher Hitze in einer großen Kasserolle mit Deckel schmoren. Wenn Sie es eilig haben, kochen Sie das Gemüse vor und geben es dann mit der heißen Brühe in den Bräter.

BORLOTTI-BOHNEN-EINTOPF

Es gibt kaum etwas Köstlicheres als frische Borlotti-Bohnen – wenn die Erntezeit ansteht, bin ich richtig aufgeregt! Die Bohnen sitzen in wunderschönen rosa Hülsen, und ihr Aroma ist einzigartig. Beim Kochen oder Marinieren nehmen sie den Geschmack der anderen Zutaten sehr gut an. Für edle Baked Beans können Sie die Bohnen auf getoastetem Brot servieren und dazu Parmesanhobel und etwas Rucola reichen. Oder Sie fügen 15 Minuten vor Ende der Kochzeit etwas gehackten Mangold oder Weißkohl hinzu. Kalt schmecken die Bohnen gut zu Ei und Rucola. *Für 4 Personen.*

4 EL Olivenöl

1 Zwiebel, fein gewürfelt

2 Selleriestangen, fein gewürfelt

2 Karotten, fein gewürfelt

2 Knoblauchzehen, fein gewürfelt

1 Lorbeerblatt

2 frische Oreganozweige, Blätter abgestreift und fein gehackt

6 frische Salbeiblätter

800 g frische Borlotti-Bohnen, gepalt

6 Romatomaten, gehäutet und grob gehackt

Salz und Pfeffer

Saft und fein abgeriebene Schale 1 unbehandelten Zitrone

1 kleines Bund grob gehacktes frisches Basilikum

knuspriges Brot und Aïoli oder Kartoffelpüree und sautiertes Gemüse, zum Servieren

Den Backofen auf 180 °C vorheizen.

Das Olivenöl in eine mittelgroße Auflaufform oder einen ofenfesten Topf geben. Zwiebel, Sellerie und Karotten zugeben und bei mittlerer Hitze auf dem Herd weich braten. Knoblauch, Lorbeer, Oregano, Salbei und Bohnen zugeben und 1 Minute anbraten, dann die Tomaten zugeben und mit so viel Wasser auffüllen, dass die Bohnen 3 cm hoch bedeckt sind. Abdecken und das Gericht 30 Minuten im Ofen schmoren. Wenn die Bohnen weich sind, die Form aus dem Ofen nehmen und den Eintopf ohne Deckel abkühlen lassen. Die Bohnenmischung mit Salz und Pfeffer abschmecken, dann Zitronensaft und -schale sowie Basilikum unterrühren.

Warm mit knusprigem Brot und Aïoli servieren. Auch Kartoffelpüree und sautiertes Gemüse eignen sich als Beilage.

Tipp Dieses Gericht bereiten Sie am besten am Vortag zu, damit es gut durchziehen kann.

KÜRBIS-RICOTTA-SAMOSAS

Wenn Sie mehr Biss für die Samosas wünschen, geben Sie noch 4 Esslöffel geröstete Pinienkerne an die Ricotta-mischung. Den Salat können Sie mit Walnüssen, Brunnenkresse oder Datteln abwandeln.   *Ergibt 12 Samosas.*

Für die Samosas

3 EL Olivenöl

12 getrocknete Curryblätter

1½ TL schwarze Senfkörner

1 Prise Fenchelsamen (nach Belieben)

1 Zwiebel, fein gehackt

3 TL Kreuzkümmelsamen

3 Knoblauchzehen, fein gehackt oder gerieben

4-cm-Stück Ingwerwurzel, geschält und gerieben

1 Prise Chiliflocken oder -pulver

3 TL Zimt

750 g Butternuss-Kürbis, in 1 cm große Würfel geschnitten

Salz und Pfeffer

375 g Ricotta

12 Blätter Filoteig (je 30 cm x 20 cm)

75 g Butter, zerlassen

Asiatische Kirschtomaten-Sauce für 4 Personen (s. Seite 156)

Für den Salat

1 Fenchel, halbiert, Wurzelansatz entfernt, in hauchdünne Scheiben geschnitten

2 Radicchio, halbiert und in feine Streifen geschnitten

1 Schale Shisosprossen, alternativ Alfalfa-, Rettich-, Linsen- oder Bockshornkleesprossen

1 Handvoll Rucola

etwas Zitronensaft und Olivenöl, verquirlt

Den Ofen auf 180 °C vorheizen.

Die Hälfte des Olivenöls in einer großen Pfanne auf mittlerer Stufe erhitzen. Curryblätter, Senfkörner und, falls verwendet, Fenchelsamen hineingeben und anbraten, bis die Samen aufplatzen. Sofort Zwiebel, Kreuz-kümmelsamen, Knoblauch, Ingwer, Chili und Zimt zugeben und braten, bis die Zwiebel glasig wird. In eine Schüssel geben und abkühlen lassen. Unterdessen das restliche Öl in der Pfanne erhitzen und die Kürbiswürfel bei mittlerer Hitze weich garen. Abschmecken, abkühlen lassen, dann zur Zwiebelmischung geben. Den Ricotta unterrühren und die Mischung abschmecken.

Die Filoteigblätter auslegen, dabei die Teigblätter, die gerade nicht verarbeitet werden, mit einem feuchten Küchentuch abdecken. 1 Blatt auf die Arbeitsfläche legen, mit etwas zerlassener Butter bestreichen, mit 1 weiteren Blatt bedecken und den Teig längs in 2 Streifen schneiden und mit zerlassener Butter bestreichen.

1 gehäuften Esslöffel Kürbismischung auf das obere Ende jedes Teigstreifens geben. Die rechte obere Ecke dann so über die Füllung falten, dass eine Dreieckform entsteht. Das Dreieck über den Teig falten, um es zu verschließen, dann weiterfalten, bis der gesamte Teigstreifen zu einer Tasche verarbeitet ist. Die Kanten mit Butter bestreichen und verschließen.

Auf ein beschichtetes Backblech geben und mit Butter bestreichen. Die restlichen Blätter auf die gleiche Weise verarbeiten, sodass 12 Samosas entstehen. Im Ofen 20–25 Minuten backen, bis sie goldgelb und knusprig sind.

Für den Salat alle Zutaten vermengen. Mit dem Dressing aus Olivenöl und Zitrone beträufeln.

Die Samosas mit Kirschtomaten-Sauce und Fenchelsalat servieren.

Variationen über Rote Bete

In meiner Kindheit kannte ich nur eingelegte Rote Bete, wodurch ich Vorbehalte gegen das Gemüse hatte. Nur seine Farbe gefiel mir wirklich gut. Dann kam ich nach Australien und Neuseeland und entdeckte, was mir die ganze Zeit entgangen war. Rote Beten sind so vielseitig wie kaum ein anderes Wurzelgemüse; ihr erdiges Aroma und ihre samtige Textur können in kulinarische Abenteuer verwandelt werden. In diesem Rezept gebe ich der Roten Bete eine orientalisch-griechische Note. Das Gericht sieht auch spektakulär aus. Sie können übrigens auch die Blätter mitverwenden – sie sind gesund und köstlich.

ROTE-BETE-KLÖSSE

Diese Bällchen aus geriebenen Roten Beten verraten griechischen Einfluss. Sie schmecken kalt oder warm köstlich. Servieren Sie sie alternativ als Probierportionen mit den anderen Rote-Bete-Variationen.   Für *4 Personen.*

200 g gekochte Rote Bete, geschält und gerieben
2 Frühlingszwiebeln, fein gehackt (das Grün
  mitverwenden)
40 g Parmesan, frisch gerieben
50 g Feta, gerieben
1 Ei, verquirlt
2 EL fein gehackter frischer Dill

2 EL fein gehackte frische Minze oder Petersilie
Salz und Pfeffer
75–90 g Semmelbrösel
75 g Mehl, plus etwas mehr zum Binden
Erdnuss- oder Pflanzenöl, zum Braten
Zitronenspalten und Rote-Bete-Zaziki
  (s. Seite 88), zum Servieren

Rote Beten, Frühlingszwiebeln, Käsesorten, Ei und Kräuter vermengen. Mit Salz und Pfeffer würzen, dann so viel Semmelbrösel unterrühren, dass eine feste Masse entsteht. Abdecken und 1 Stunde kalt stellen.

Die Masse zu etwa golfballgroßen Klößen formen. Falls die Masse zu feucht ist, etwas Mehl einarbeiten. Das Mehl salzen und pfeffern und die Klößchen darin wälzen. Reichlich Öl in eine Pfanne geben, bis kurz unter den Rauchpunkt erhitzen und die Klößchen darin portionsweise 2–3 Minuten rundum goldbraun braten. Mit einem Schaumlöffel herausnehmen und auf Küchenpapier abtropfen lassen. Heiß mit Zitronenspalten und Rote-Bete-Zaziki servieren.

ROTE-BETE-ZAZIKI

Bürsten Sie die Rote Bete gut ab und garen Sie diese in Alufolie gewickelt im Backofen. Rote Beten sind auch bereits gegart und vakuumverpackt in vielen Supermärkten erhältlich. Das Zaziki passt auch gut zum Rote-Linsen-Daal (s. Seite 114) und zum Kardamom-Fladenbrot (s. Seite 116). *Für 4 Personen.*

1 große gegarte Rote Bete, geschält
1–2 Knoblauchzehen, gerieben oder zerdrückt
1 Schuss Rotweinessig, vorzugsweise von
   Cabernet Sauvignon

3 EL fein gehackter frischer Dill
1 Schuss Olivenöl
250 g griechischer Joghurt
Meersalz

Die Rote Bete in eine Schüssel grob reiben und mit Knoblauch, Essig, Dill und Olivenöl vermischen. Den Joghurt zugeben und gründlich unterrühren; mit Meersalz würzen. 30 Minuten im Kühlschrank ziehen lassen.

PILAW AUS ROTE-BETE-BULGUR MIT GEDÜNSTETEN ZWIEBELN

Das erdige, süße Aroma der Roten Bete vereint sich hier perfekt mit den Gewürzen. Bulgur und Pinienkerne geben dem Ganzen Biss. Sie können das Pilaw auch mit Granatapfelkernen oder -sirup verfeinern. *Für 4 Personen.*

3 rohe Rote Beten
175 g Bulgur
3 EL Olivenöl
3 Zwiebeln, in feine Ringe geschnitten
2 TL Kreuzkümmelsamen
2 TL Zimt
1 Knoblauchzehe, fein gehackt

1 Prise Chilipulver
400 ml kochendes Wasser
Meersalz
40 g Pinienkerne, geröstet
3 EL frisch gehackte Minze
Zitronensaft, zum Abschmecken

Den Backofen auf 190 °C vorheizen.

Die Roten Beten waschen und abbürsten, in Alufolie wickeln und etwa 30–50 Minuten im Ofen garen (die Garzeit variiert nach der Größe der Beten). Aus dem Ofen nehmen, abkühlen lassen, schälen und würfeln.

Den Bulgur in ein feines Sieb geben und mit kaltem Wasser abspülen, um überschüssige Stärke zu entfernen.

Das Olivenöl in einer großen Pfanne erhitzen, die Zwiebeln zugeben und bei mittlerer Hitze etwa 15 Minuten unter häufigem Rühren dünsten.

Kreuzkümmelsamen, Zimt, Knoblauch und Chilipulver zugeben und 1 Minute mitbraten. Rote-Bete-Würfel, Bulgur und kochendes Wasser zugeben, dann den Deckel auflegen und die Mischung 15–20 Minuten köcheln lassen. Der Bulgur sollte das Wasser komplett aufgesogen haben. Mit Meersalz bestreuen und die Pinienkerne unterheben. Mit der Minze bestreuen und etwas Zitronensaft zugeben. Warm servieren.

GRIECHISCHER ROTE-BETE-SALAT

Der Salat ist die perfekte Verwendungsmöglichkeit für Rote-Bete-Blätter. Achten Sie beim Kauf darauf, dass die Blätter knackig sind. *Für 4 Personen.*

3 Rote Beten
2 Knoblauchzehen
Meersalz und Pfeffer
2 EL Rotweinessig, vorzugsweise von
 Cabernet Sauvignon

6 EL Olivenöl
2 EL frisch gehackter oder 2 TL getrockneter
 Oregano

Stiele und Blätter von den Roten Beten abtrennen, dabei darauf achten, dass die Beten nicht verletzt werden, weil sie sonst beim Kochen „ausbluten". Stiele und Blätter waschen und abtropfen lassen. Die Beten waschen und abbürsten, auch hierbei die Haut nicht verletzen. In einem Topf mit reichlich Salzwasser 30–45 Minuten kochen, bis sie weich sind. Abgießen, schälen, den Wurzelansatz abschneiden und das Fruchtfleisch in Spalten schneiden.

   Stiele und Blätter in einem weiteren Topf etwa 1 Minute garen. Abgießen, abtropfen lassen und grob hacken. Die Knoblauchzehen mit einer guten Prise Meersalz zerdrücken, in einer großen Schüssel mit Essig, Olivenöl und Oregano verquirlen. Rote Beten mit Stielen und Blättern hinzugeben, unterheben und mit Salz und Pfeffer abschmecken. Bis zum Servieren kalt stellen.

   Als Beilage passt dieser Salat hervorragend zu den Dukka-Eiern von Seite 76.

ZITRONENPASTA MIT GRÜNEM GEMÜSE

Ich habe eine Zeit lang als Privatköchin auf einer Luxusjacht gearbeitet. Der Skipper Eric war glücklicherweise ein leidenschaftlicher Gourmet. Bei jeder Gelegenheit lud er die Crew ins Restaurant ein, und eines milden Sommerabends saßen wir auf Capri in einem wunderschönen Innenhof. Dort servierte man uns eine unvergleichlich köstliche Zitronenpasta, die uns schier den Atem raubte. Das Gericht ist einfach, und die Aromen sind perfekt ausgewogen; trotzdem explodieren sie förmlich auf der Zunge. Mein Zitronenpasta-Rezept ist leicht abgewandelt und kann in Minutenschnelle zubereitet werden. Ich füge Gemüse hinzu, das Sie auch durch andere Sorten ersetzen – z. B. durch gelbe und grüne Zucchini sowie deren Blüten – oder ganz weglassen können.

Wenn Sie keine frische Pasta zur Verfügung haben, nehmen Sie einfach getrocknete und geben das Gemüse 3 Minuten vor Ende der Kochzeit hinzu. *Für 4 Personen.*

300 g Schlagsahne extra (mind. 36 % Fett)
Saft und abgeriebene Schale von
   2 unbehandelten Zitronen
1 Bund grüner Spargel
450 g frische Dicke Bohnen, gepalt
   (oder 150 g tiefgefrorene)
400 g frische Pasta, z. B. Linguine, Tagliatelle oder
   Spaghetti

450 g frische Erbsen, gepalt
   (oder 150 g tiefgefrorene)
4 EL Mascarpone
80 g Parmesan, frisch gerieben
1 kleines Bund klein gezupftes frisches Basilikum
Salz und schwarzer Pfeffer

Einen großen Topf mit Salzwasser aufkochen. Unterdessen Sahne und Zitronenschale in einen kleinen Topf geben und vorsichtig aufkochen, 3 Minuten sanft köcheln lassen.

Den Spargel putzen, dabei die holzigen Enden abbrechen und den Rest in 3 cm lange Stücke schneiden. Im Restaurant entfernen wir außerdem die äußere Haut der Dicken Bohnen.

Pasta, Erbsen, Bohnen und Spargel in den Topf mit dem kochenden Salzwasser geben und 3 Minuten garen. Die Pasta sollte al dente sein. Pasta und Gemüse durch ein Sieb in eine Schüssel abgießen, dabei 50 ml Kochwasser auffangen.

Die Sahnemischung in den großen Kochtopf geben, Zitronensaft, Mascarpone und das abgemessene Kochwasser zugeben und verrühren. Erhitzen, dann Pasta und Gemüse hineingeben, Parmesan, Basilikum sowie Salz und Pfeffer zugeben und alles vermengen. Auf 4 Schalen verteilen und sofort servieren.

TOMATEN-KOKOS-CURRY

Dieses sommerliche Curry ist schnell und einfach zubereitet. Meine Mitbewohnerin Allison zieht im Sommer eigene Tomaten, deshalb denke ich mir immer neue Rezepte für die Ernte aus. Sie können das Curry auch mit Dicken Bohnen, frischen Erbsen oder Zucchini abwandeln. Oder Sie verwenden einen bunten Tomatenmix aus grünen, schwarzen und gelben Früchten. *Für 4 Personen.*

1 EL Traubenkern- oder Pflanzenöl	4 Gewürznelken (nach Belieben)
1 TL schwarze oder gelbe Senfkörner	400 ml Kokosmilch
½ TL Kreuzkümmelsamen	20 g Palmzucker, gerieben
10 Curryblätter	3 TL Fenchelsamen
3 Knoblauchzehen, fein gehackt oder zerdrückt	800 g Tomaten, grob gehackt
5-cm-Stück Ingwerwurzel, fein gerieben	2 EL frisch gehackter Koriander
2 frische grüne Chilis, entkernt und fein gehackt	1 EL frisch gehacktes Thai-Basilikum
1 kleine Zwiebel, fein gehackt	(nach Belieben)
1 Prise gemahlene Kurkuma	Salz und Pfeffer
1 Prise gemahlener Koriander	Reis oder Linsen und indische Papadams,
4 Kardamomkapseln	zum Servieren

Das Öl in einer großen Pfanne oder einem Wok erhitzen. Senfkörner und Kreuzkümmelsamen hineingeben und 1 Minute rösten, bis die Samen aufplatzen.

Die Pfanne vom Herd nehmen. Curryblätter, Knoblauch, Ingwer und Chilis zugeben. Wieder auf den Herd stellen und einige Sekunden bei schwacher Hitze anbraten, dabei darauf achten, dass der Knoblauch nicht anbrennt. Die Zwiebel zugeben und glasig braten.

Kurkuma, Koriander, Kardamom und, falls verwendet, Gewürznelken zugeben und 1 Minute mitgaren. Kokosmilch, Palmzucker und Fenchelsamen zugeben und alles 4 Minuten köcheln lassen. Die Tomaten hinzufügen und 5 Minuten mitschmoren, bei Bedarf etwas Wasser angießen. Die Kräuter einstreuen, alles mit Salz und Pfeffer abschmecken und mit Reis oder Linsen und Papadams servieren.

CHERMOULA-KÄSE MIT AVOCADO-FATOUSCH

Chermoula ist eine marokkanische Koriandersauce. Sie schmeckt aromatisch, leicht scharf und säuerlich und passt perfekt zu gegrillten Karotten, Karottensuppe oder auch Kirschtomaten, grünen Bohnen oder Aubergine. Ich verwende in diesem Rezept indischen Paneer-Käse, den Sie auch durch Halloumi oder Tofu ersetzen können. Fatousch ist ein beliebter libanesischer Salat. Lassen Sie sich nicht von der langen Zutatenliste abschrecken, denn er ist sehr leicht herzustellen und schmeckt fantastisch. Traditionell verwendet man Portulak, ein blassgrünes Kraut mit einzigartig mild-pfeffrigem Aroma – da dieser aber mitunter schwierig zu finden ist, habe ich ihn durch Rucola ersetzt. *Für 4 Personen.*

Für den Chermoula-Käse

Chermoula für 4 Personen (s. Seite 159)

225 g Paneer

2 EL Olivenöl

Für den Avocado-Fatousch

2 Pita-Brote

2 EL Olivenöl

½ Romana-Salat, in 1 cm breite Streifen geschnitten

1 Handvoll Rucola, grob gehackt

4 Frühlingszwiebeln, in feine Ringe geschnitten

100 g Salatgurke, längs halbiert und in dünne Scheiben geschnitten

2 Tomaten, in 1 cm große Würfel geschnitten

4 Radieschen, in feine Scheiben geschnitten (nach Belieben)

50 g abgezupfte frische glatte Petersilienblätter

50 g grob gehackte frische Minze

2 Avocados, grob in 2 cm große Würfel geschnitten

1 EL Sumak (s. Seite 78)

Salz

Für die Vinaigrette

1 Knoblauchzehe, fein gehackt

Meersalz

2 EL Zitronensaft

3 EL Olivenöl

Die Chermoula im Voraus zubereiten.

Den Paneer in mundgerechte Würfel schneiden und mit der Chermoula vermengen. Mindestens 1 Stunde (am besten aber über Nacht) marinieren; abgießen, dabei die überschüssige Chermoula auffangen. Das Öl in eine beschichtete Pfanne geben und erhitzen. Den Paneer hineingeben und bei mittlerer Hitze goldbraun braten. In eine Schüssel geben und die aufgefangene Chermoula darüberträufeln.

Für den Fatousch die Pita-Brote aufschneiden und von beiden Seiten knusprig toasten. Abkühlen lassen. Die Brote in kleine Stücke brechen und von allen Seiten mit Olivenöl bestreichen (so bleibt es länger knusprig). Die restlichen Zutaten in eine Salatschüssel geben und salzen.

Für die Vinaigrette den Knoblauch mit 1 Prise Meersalz zerdrücken und in einer Schüsssel mit Zitronensaft und Olivenöl verrühren. Bis zum Servieren in den Kühlschrank stellen.

Den Fatousch mit der Vinaigrette vermengen, die Brotstücke unterheben und alles sofort mit dem Paneer servieren.

HALLOUMI MIT CHUTNEY, RAITA, SALAT UND KNUSPRIGEN PAPADAMS

Mit diesem fruchtigen Chutney verleihen Sie dem Halloumi eine interessante Note. Sie können dafür aber auch Paneer verwenden oder gut abgetropften Tofu, falls Sie vegan kochen möchten. Das Raita passt übrigens auch hervorragend zu gegrillten Auberginen.   *Für 4 Personen.*

1 EL Olivenöl

400 g Halloumi, in 8 Scheiben geschnitten

8 indische Papadams, gebacken

Für das Chutney

4 EL Mango-Chutney

2-cm-Stück Ingwerwurzel, geschält und gerieben

je 1 Prise gemahlene Kurkuma, gemahlener
   Kreuzkümmel, Koriander und Paprikapulver

1 halbes Bund frisch gehackter Koriander

Meersalz and schwarzer Pfeffer

Für das Raita

6 EL griechischer Joghurt

6-cm-Stück Salatgurke, geschält, entkernt und
   fein gewürfelt

1 Granny Smith, geschält, entkernt und gerieben

2 EL fein gehackte rote Zwiebel

2-cm-Stück Ingwerwurzel, gerieben

je 1 Prise gemahlener Kreuzkümmel und Garam
   Masala

Saft von 1 Limette

2 EL frisch gehackter Koriander

Meersalz

Für den Salat

2 Chicorées, in feine Scheiben geschnitten

½ Fenchel, in feine Scheiben geschnitten

4 Datteln, entkernt und gehackt (nach Belieben)

1½ EL frisch gehackte Minze und Koriander

1 Bund frische Brunnenkresse

Für das Dressing

Saft von 1 Zitrone

4 EL Olivenöl

1 EL Weißweinessig, vorzugsweise von
   Chardonnay

Salz und Pfeffer

Das Öl in einer beschichteten ofenfesten Pfanne erhitzen. Die Halloumi-Scheiben darin von beiden Seiten je 1 Minute braten.

Den Backofengrill vorheizen. Alle Zutaten für das Chutney vermengen. Die Pfanne vom Herd nehmen, den Halloumi mit dem Chutney bestreichen und etwa 3 Minuten unter dem heißen Backofengrill überbacken.

Inzwischen alle Zutaten für das Raita verrühren und mit Meersalz abschmecken.

Für den Salat alle Zutaten vermengen und mit Zitronensaft, Olivenöl und Weißweinessig anmachen. Nach Belieben mit Salz und Pfeffer abschmecken.

Je 1 Papadam flach auf vier Teller legen und darauf den Salat, die Hälfte des Raita und je 2 Halloumi-Scheiben verteilen. Die restlichen Papadams in je 3 Stücke brechen und mit dem restlichen Raita servieren.

PARMESAN-POLENTA MIT POCHIERTEM EI UND GEBACKENEM FETA

Auch wenn es den Aufwand lohnt – traditionell hergestellte Polenta muss 1 Stunde unter ständigem Rühren gekocht werden. Da ist Instant-Polenta um einiges praktischer. Ich bin oft überrascht, wie viele Menschen Polenta nicht mögen. Natürlich kann sie etwas fade schmecken, wenn man sie ohne Würze oder Butter anrichtet. Aber wenn man Käse, Kräuter, Pilze, Mais oder anderes Gemüse hinzugibt, ergibt sie ein köstliches Gericht. Dieses Gericht ist schnell zubereitet und eignet sich als leichtes Abendessen oder Mittagsgericht. *Für 4 Personen.*

200 g Feta, in 2 cm große Würfel geschnitten

Olivenöl, zum Beträufeln

schwarzer Pfeffer

1 Prise Chiliflocken (nach Belieben)

500 ml Milch

125 g Instant-Polenta

60 g Butter

30 g Parmesan, frisch gerieben

Salz

Gegrillter Radicchio für 4 Personen (s. Seite 110)

4 Eier aus Freilandhaltung

Den Backofen auf 180 °C vorheizen.

Den Feta auf ein großes Stück Alufolie legen, mit etwas Olivenöl beträufeln, mit frisch gemahlenem schwarzem Pfeffer und, falls verwendet, mit Chiliflocken bestreuen. Die Alufolie um den Käse verschließen, sodass ein lockeres Päckchen entsteht. Dieses auf ein Backblech legen und 8 Minuten backen, bis der Käse weich ist.

Unterdessen die Milch in einem Topf bis kurz vor den Siedepunkt erhitzen, die Hitze reduzieren und die Polenta nach und nach unter ständigem Rühren zugeben und etwa 5 Minuten kochen. Butter und Parmesan einrühren und die Mischung abschmecken.

Den Radicchio grillen. Zum Pochieren der Eier nach dem Rezept auf Seite 150 vorgehen.

Die fertige Polenta auf 4 Teller verteilen, Feta, Radicchio und je 1 pochiertes Ei daraufgeben. Mit etwas Olivenöl beträufeln und sofort servieren.

PAPRIKA-AUBERGINEN MIT MINZE-PETERSILIEN-SALAT

Diese würzigen Auberginen ergeben mit der sahnigen Knoblauch-Joghurt-Sauce einen köstlichen Salat. In warmem Fladenbrot serviert, gehören sie definitiv zu meinen Lieblingsgerichten. Sie können das Rezept sehr leicht abwandeln. Schneiden Sie die Auberginen in 1 cm dicke Scheiben und geben Sie Granatapfelkerne oder geröstete Nüsse an den Salat, um ihm etwas mehr Biss zu verleihen. Geräuchertes Paprikapulver ist in gut sortierten Lebensmittelgeschäften erhältlich. *Für 4 Personen.*

Für die Auberginen

2 Knoblauchzehen

1 TL Meersalz

1 EL geräuchertes Paprikapulver

60 ml Olivenöl

2 große Auberginen oder 12 Babyauberginen

Für den Salat

15 g frische glatte Petersilie

15 g frische Minze

1 rote Zwiebel, fein gewürfelt

400 g Kirschtomaten, halbiert

1 Handvoll frischer Rucola

Salz und Pfeffer

4 gehäufte EL Tahini-Joghurt-Dressing
(s. Seite 154) oder 4 Kardamom-Fladenbrote
(s. Seite 116), zum Servieren

Für die marinierten Auberginen Knoblauch mit Meersalz im Mörser zerdrücken, dann Paprika und Olivenöl zugeben und verrühren.

Die Auberginen längs halbieren und jede Hälfte in dicke Spalten schneiden (die Babyauberginen nur längs halbieren). Jede Spalte mit der Messerspitze kreuzförmig einritzen und gründlich mit der Marinade einreiben. Bei Zimmertemperatur 20 Minuten oder über Nacht im Kühlschrank marinieren (10 Minuten vor dem Garen aus dem Kühlschrank nehmen).

Eine Grillpfanne oder einen Grill vorheizen und die Auberginen bei mittlerer Hitze 10–15 Minuten unter regelmäßigem Wenden grillen, bis das Gemüse weich ist. Wenn Sie Ihre Küche nicht einräuchern möchten, können Sie die Auberginen auch vorgrillen und dann im Backofen bei mittlerer Hitze fertig garen.

Die Salatzutaten in einer Schüssel vermengen, würzen und mit den Auberginen servieren. 1 gehäuften Esslöffel Tahini-Joghurt-Dressing dazu reichen oder die Auberginen in Kardamom-Fladenbrot wickeln.

BETÖRENDE
Beilagen

LINSEN-FETA-TABOULÉ

Von der libanesischen Küche mit ihren frischen, verführerischen Aromen kann ich einfach nicht genug bekommen. Anissa Helou hat mir gezeigt, wie man Taboulé zubereitet. Das Geheimnis dieses herrlichen Gerichts liegt darin, wie die Kräuter gehackt werden: sehr fein, aber ohne dass die Blätter zerdrückt werden. Dies ist zwar etwas aufwendig, doch es lohnt sich. Traditionell wird Taboulé mit Bulgur zubereitet, für dieses Rezept verwende ich aber Puy-Linsen, die eine andere Konsistenz haben. Ach ja, und der Feta ist einfach nach meinem Geschmack! *Für 4 Personen.*

120 g frische glatte Petersilie

50 g frische Minze

2 Tomaten, fein gewürfelt

1 kleine rote Zwiebel, fein gewürfelt

150 g Puy-Linsen, gegart

½ TL Zimt

1 TL gemahlener Piment

Salz

Saft von 1 Zitrone

60 ml Olivenöl

50 g Feta, zerkrümelt

Die Petersilie mit einem sehr scharfen Messer so fein wie möglich hacken. Dabei bei den Blättern beginnen und sich bis zu den Stielen vorarbeiten. Die Minze ebenfalls sehr fein hacken.

In einer Schüssel Tomaten, Zwiebel, Linsen, Kräuter und Gewürze vermengen und salzen. Mit Zitronensaft und Olivenöl anmachen. Vor dem Servieren den Feta unterheben.

FENCHELSALAT

Ein aromatischer Salat mit herrlicher Textur, der zusammen mit gewürfelten Tomaten und kalten Nudeln einfach köstlich schmeckt. *Für 4 Personen.*

60 ml frisch gepresster Zitronensaft

120 ml natives Olivenöl extra

1 Fenchel

1 Bund frisch zerzupfte Brunnenkresse

1 Handvoll frische Minze

1 Handvoll frische glatte Petersilie

100 g Kalamata-Oliven, entsteint

1 Schale Shisosprossen (nach Belieben)

Zitronensaft und Olivenöl in einer Schüssel verquirlen. Den Fenchel längs halbieren, den Wurzelansatz entfernen und mit einem scharfen Messer oder dem Gemüsehobel so dünn wie möglich aufschneiden. Mit den restlichen Zutaten vermengen.

KOKOS-BASMATIREIS

Um den Reis noch aromatischer zu machen, können Sie eine Zimtstange, Kardamomkapseln, Sternanis, Zitronengras, Limettenblätter, Zitronenzesten oder Chilis hinzufügen. *Für 4 Personen.*

250 g Basmatireis

300 ml Kokosmilch

200 ml Wasser

1 Prise Salz

Um überschüssige Stärke zu entfernen, den Reis so lange in kaltem Wasser waschen, bis es klar bleibt.

Reis, Kokosmilch, Wasser und Salz in einen großen Topf mit fest schließendem Deckel geben. Den Topfinhalt bei mittlerer Hitze aufkochen, dann den Topfdeckel auflegen und die Hitze reduzieren. 12 Minuten garen, dabei nicht den Deckel abheben.

Den Herd ausschalten und den geschlossenen Topf noch 10 Minuten auf der Platte stehen lassen, dann den Reis mit einer Gabel auflockern und servieren.

KOKOS-SCHMORKARTOFFELN

Als ich dieses Rezept entwickelte, erwiesen sich die Kokos-Kartoffeln als so köstlich, dass die Köche immer hinter meinem Rücken davon naschten. Seitdem koche ich immer eine Extra-Portion. *Für 4 Personen.*

1 EL Pflanzen- oder Erdnussöl

2 Schalotten, fein gehackt

1 Knoblauchzehe, fein gehackt

1 frische rote Chili, entkernt und fein gehackt

1,5-cm-Stück Ingwerwurzel, geschält und fein gerieben

1 Bund frischer Koriander (möglichst mit Wurzeln)

700 ml Kokosmilch

500 g Babykartoffeln, längs halbiert

2 EL thailändische süße Chilisauce

1 EL Sojasauce

2 EL frisch gehacktes Thai-Basilikum (nach Belieben)

Salz (nach Belieben)

Den Backofen auf 190 °C vorheizen.

Das Öl in einem Topf erhitzen, dann Schalotten, Knoblauch, Chili und Ingwer hinzugeben und 1 Minute unter Rühren anbraten.

Die Wurzeln vom Koriander abtrennen und fein hacken. (Falls das Bund nur aus Koriandergrün besteht, die Hälfte davon fein hacken.) In die Pfanne geben und mitgaren. Kokosmilch, Kartoffeln, süße Chilisauce und Sojasauce einrühren. Aufkochen, in eine kleine Auflaufform geben und im Ofen etwa 50 Minuten backen.

Aus dem Ofen nehmen. Den (restlichen) Koriander fein hacken und, falls verwendet, mit dem Thai-Basilikum über die Schmorkartoffeln streuen. Nach Belieben mit Salz abschmecken.

GESCHMORTER CHINAKOHL MIT KOKOS

Der geschmorte und mit asiatischen Gewürzen verfeinerte Chinakohl schmeckt hervorragend mit Jasminreis und der Tomaten-Kokossauce mit Kardamom von Seite 154. Wenn Sie Salz-und-Pfeffer-Tofu (s. Seite 113) dazu reichen, erhöhen Sie den Eiweißgehalt des Gerichts. Der Chinakohl eignet sich aber auch als interessante Beilage. *Für 4 Personen.*

1 Chinakohl	**2 Knoblauchzehen, fein gehackt**
3 EL Erdnuss- oder Traubenkernöl	**400 ml Kokosmilch**
2 Schalotten, fein gehackt	**3 EL Sojasauce**
4-cm-Stück Ingwerwurzel, fein gehackt	**1 kleines Bund frisches Thai-Basilikum (nach Belieben)**
2 frische rote Chilis, entkernt und fein gehackt	**fein gehackter frischer Koriander, zum Garnieren**
fein gehackte Wurzeln von 1 kleinen Bund frischen Koriander	

Den Backofen auf 190 °C vorheizen.

Den Kohl längs vierteln. Das Öl in einer großen Pfanne stark erhitzen. Den Kohl vorsichtig zugeben (das Öl kann dabei eventuell spritzen), von allen Seiten anbräunen, dann herausnehmen.

Das Öl wieder erhitzen und Schalotten, Ingwer, Chilis, Korianderwurzeln und Knoblauch zugeben. Die Mischung garen, bis die Schalotten glasig werden. Den Kohl wieder in die Pfanne geben. Kokosmilch und Sojasauce hinzugeben und aufkochen.

Den Herd ausschalten und die Pfanne mit Alufolie abdecken. (Falls die Pfanne nicht ofenfest ist, füllen Sie den Inhalt in eine Auflaufform.) 15 Minuten im Backofen garen, dann die Folie abnehmen und das Gericht noch 5 Minuten backen. Der Kohl sollte sich beim Einstechen mit der Messerspitze weich anfühlen. Mit fein gehacktem Koriander und, falls verwendet, Thai-Basilikum garnieren.

PANZANELLA MIT WASSERMELONE

Sie haben wahrscheinlich schon bemerkt, dass ich ein großer Wassermelonen-Fan bin. Dieser sensationelle Salat eignet sich sehr gut für Melonenreste. Panzanella muss vor dem Servieren auf jeden Fall ziehen. Wenn Sie das Brot toasten, bleibt es etwas knuspriger. *Für 4 Personen.*

Für den Salat

10 Scheiben Ciabatta

2 EL Olivenöl

1 kleine rote Zwiebel, in feine Ringe geschnitten

300 g Wassermelone, Kerne entfernt und gewürfelt

300 g vollreife Romatomaten, gewürfelt

125 g Salatgurke, gewürfelt

2 EL Kapern, abgespült und abgetropft

200 g Halloumi, gewürfelt oder 100 g Halloumi und 100 g zerkrümelter Feta

100 g Kalamata-Oliven, gehackt

1 kleines Bund grob gehacktes frisches Basilikum

Salz und Pfeffer

Für das Dressing

50 ml Rotweinessig, vorzugsweise von Cabernet Sauvignon

150 ml natives Olivenöl extra

1 Knoblauchzehe, zerdrückt

1 Prise Zucker

Meersalz und Pfeffer

Den Backofen auf 200 °C vorheizen.

Für den Salat die Ciabatta-Scheiben in Croûton-große Stücke schneiden. Mit dem Olivenöl beträufeln, in eine Grillpfanne geben und im Ofen 5 Minuten knusprig backen. Herausnehmen und abkühlen lassen.

Die restlichen Salatzutaten in eine große Schüssel geben. Die Brotwürfel zugeben und unterheben. Mit Salz und Pfeffer abschmecken.

Für das Dressing alle Zutaten verquirlen und über den Salat geben. Vor dem Servieren etwa 1 Stunde ziehen lassen.

DICKE-BOHNEN-SCHMORTOPF MIT ZITRONE UND DILL

Bereiten Sie diesen tollen Eintopf zu, wenn die Dicken Bohnen frisch erhältlich sind. Die Vorbereitung nimmt die meiste Zeit in Anspruch, aber das Ergebnis lohnt den Aufwand. Am besten schmeckt das Gericht übrigens am Tag nach der Zubereitung.

Servieren Sie den Eintopf heiß mit Knusprigen Rosmarin-Kürbis-Polentastreifen (s. Seite 108; den Rosmarin sollten Sie dann allerdings weglassen) oder lauwarm mit Büffelmozzarella oder Pecorinohobeln, Erbsensprossen und getoastetem Ciabatta.

Sie können das Rezept auch als Füllung für Fleischtomaten oder Artischocken verwenden (dafür die Artischocken im abgedeckten Topf in Wasser mit Öl kochen).

Geben Sie dem Eintopf alternativ etwa 500 g gehäutete und gewürfelte Tomaten zu. Den Dill können Sie auch durch Minze oder Petersilie ersetzen. *Für 4 Personen.*

1 kg frische Dicke Bohnen mit Hülsen (ergibt ca. 375 g gepalte Dicke Bohnen)

90 ml natives Olivenöl extra

1 weiße Zwiebel, fein gehackt, oder 1 Bund Frühlingszwiebeln, fein gehackt

1 Knoblauchzehe, fein gehackt

1 Prise Zucker

1 Prise Meersalz

300 ml Gemüsebrühe, z. B. Frische Erbsenbrühe, s. Seite 29, oder Wasser

Saft von 1 Zitrone

1 kleines Bund fein gehackter frischer Dill

1 Handvoll Erbsensprossen, zum Garnieren (nach Belieben)

Die Bohnen aus den Hülsen lösen und, falls erwünscht, von der äußeren Haut befreien. Das Öl in einem großen Topf erhitzen und die Zwiebel darin vorsichtig glasig braten. Knoblauch, Zucker und Meersalz zugeben und 2 Minuten garen. Die Bohnen mit Brühe (oder Wasser) zugeben und alles bei schwacher Hitze etwa 20 Minuten köcheln lassen. Danach sollte der Großteil der Flüssigkeit verkocht sein und die Bohnen sollten weich sein. Vom Herd nehmen, Zitronensaft und Dill zugeben und nach Belieben nachwürzen.

Mindestens 1 Stunde durchziehen lassen. Nach Belieben mit Erbsensprossen bestreut servieren.

KÖSTLICHES KARTOFFELPÜREE

Gut gemachtes Kartoffelpüree ist wunderbar; es sollte leicht und locker sein, cremig und ein buttriges Aroma haben. Sandrine – eine der hervorragenden Köchinnen in meinem Restaurant – macht das beste Püree, das ich je gekostet habe. Hier ist das Rezept dafür. Es ist eine kleine Sünde, aber so unendlich köstlich! Wenn Sie es ein bisschen gesünder haben wollen, ersetzen Sie die Sahne durch Milch und verwenden statt Butter Olivenöl.

Die Kartoffeln sollten auf jeden Fall mehlig sein; auch mit festkochenden können Sie zwar ein Püree herstellen, aber es ist schwieriger. Sie müssen sie rasch verarbeiten, und das Püree wird möglicherweise etwas klebrig. Ein zweiter sehr wichtiger Punkt ist die Temperatur der Sahne bzw. der Milch. Die Flüssigkeit muss heiß sein, sonst wird das Püree zäh.

Wenn Sie dem Püree noch Aroma verleihen wollen, erhitzen Sie die Sahne mit einigen Zitronenzesten, Rosmarinzweigen oder Knoblauchscheiben und seihen Sie die Sahnemischung vor dem Verarbeiten durch ein feines Sieb ab. Für 4 Personen.

1 kg mehlig kochende Kartoffeln
125 g Butter, gewürfelt

150 g heiße Schlagsahne extra (mind. 36 % Fett)
oder 150 ml heiße Milch
Meersalz und Pfeffer

Dämpfmethode: Die Kartoffeln schälen und in 4 cm große Würfel schneiden. Etwa 30 Minuten dämpfen. Die Würfel gut abtropfen lassen und in einen Topf oder eine Schüssel mit geradem Boden geben. Die Butter zugeben und mit einem Kartoffelstampfer einarbeiten. (Alternativ die Kartoffeln durch eine Kartoffelpresse passieren und dann die Butter hinzugeben.) Die heiße Sahne zugießen und mit einem Holzlöffel einrühren, bis die Masse weich und locker ist. Mit Salz und Pfeffer abschmecken und servieren.

Kochmethode: Die Kartoffeln schälen, in einen großen Topf geben und mit Wasser bedecken. 1 Prise Salz zugeben, aufkochen und etwa 25 Minuten garen, bis die Kartoffeln weich sind. Vom Herd nehmen und gut abtropfen lassen. Wieder in den Topf geben und bei schwacher Hitze das überschüssige Wasser verdampfen lassen. Den Herd ausschalten und wie oben beschrieben fortfahren.

KNUSPRIGE ROSMARIN-KÜRBIS-POLENTASTREIFEN

Diese herrlich knusprigen Polentastreifen schmecken sehr gut mit Aïoli. Auch Kinder sind von dem milden Geschmack ganz begeistert!

Statt Kürbis können Sie auch Erbsen verwenden. Ersetzen Sie dann den Rosmarin durch Basilikum oder Estragon. Mais ist ebenfalls als Ersatz geeignet (s. Seite 23). *Für 4 Personen.*

1,5 l Wasser	**250 g Instant-Polenta**
Salz und frisch gemahlener schwarzer Pfeffer	**Pflanzenöl, zum Frittieren und Einfetten**
200 g Butternuss-Kürbis, fein gewürfelt	**Mehl, zum Bestäuben**
2 TL frisch gehackter Rosmarin	**20 g Parmesan, frisch fein gerieben**

Das Wasser mit 3 Esslöffeln Salz in einem großen Topf aufkochen. Kürbis und Rosmarin zugeben. Die Hitze reduzieren, bis die Mischung leicht köchelt. Die Polenta langsam einrühren und unter ständigem Rühren 3 Minuten garen. Großzügig salzen und pfeffern.

Die Polenta etwa 1,5 cm dick in einer eingefetteten flachen Auflaufform verstreichen, abkühlen lassen und etwa 1 Stunde in den Kühlschrank stellen. Die feste Polenta dann auf ein Küchenbrett stürzen und in 24 längliche Stücke (8 cm x 2 cm) schneiden.

Reichlich Öl in einer Fritteuse auf 180 °C erhitzen. Die Polentastücke leicht mit Mehl bestäuben und etwa 3 Minuten frittieren. Mit einem Schaumlöffel herausnehmen, abtropfen lassen und in eine große Schüssel geben. Sofort mit dem Parmesan bestreuen.

ROSMARIN-POPCORN

Dieses elegante Popcorn ist sehr leicht herzustellen; Sie müssen dafür nur Rosmarin in Olivenöl einlegen.
Servieren Sie den originellen Snack doch auf Ihrer nächsten Party. Pikant wird das Popcorn durch die Zugabe
von etwas Chilipulver kurz vor dem Servieren. Den Rosmarin können Sie auch durch Salbei oder Zitronenzesten
ersetzen. Oder Sie beträufeln das Popcorn nach dem Herstellen mit Trüffelöl und bestreuen es mit Meersalz. Egal
wie – Sie werden Popcorn in Zukunft mit ganz anderen Augen sehen.   Für *4 Personen.*

100 ml natives Olivenöl extra   **150 g Popcornmais**

3 frische Rosmarinzweige   **Meersalz**

Das Öl in einen kleinen Topf geben. Die Blätter von den Rosmarinzweigen abzupfen und in das Öl geben.
10 Minuten bei schwacher Hitze erwärmen, dann das Rosmarinöl 20 Minuten oder über Nacht beiseitestellen.
    Das Popcorn nach Packungsanweisung zubereiten.
    Das warme Popcorn mit etwas Rosmarinöl beträufeln und mit Meersalz bestreuen, vermengen und servieren.

GEGRILLTER RADICCHIO

Entweder man liebt Radicchio oder man hasst ihn. Meine Lektorin Danielle sagt, dass ihre italienische Großmutter
immer Radicchio für sie gekocht hat, und dass sie ihn überhaupt nicht mochte. Ich halte Radicchio für ein wunder-
schönes Gemüse. Ich liebe seine Farbe und die verschlungenen Blätter mit den weißen Rippen. Das Grillen
mindert den bitteren scharfen Geschmack des Radicchio. Mit einem Schuss Balsamico schmeckt er wunderbar –
ich konnte damit auch Danielle bekehren. Reichen Sie ihn als Beilage zur Parmesan-Polenta von Seite 96 oder
zu Risotto (s. Seite 56). Und auch in der klassischen Kombination mit Parmesanhobeln und Birne schmeckt er
köstlich.   Für *4 Personen.*

1 Radicchio   **sehr grobes Meersalz**

Olivenöl, zum Beträufeln

Eine Grillpfanne vorheizen. Den Radicchio längs vierteln und lose äußere Blätter entfernen. Mit etwas Olivenöl
beträufeln, mit Salz bestreuen und in die Grillpfanne geben. Von beiden Seiten grillen, bis er zusammenfällt.

DINOS GRIECHISCHE ERBSEN

Ich verdanke es meinem Vater, dass ich bereits mit vier Jahren wusste, dass ich Köchin werden wollte. Meine Eltern führten ein Restaurant in Richmond. Jeden Tag wartete ich ungeduldig darauf, dass meine Mutter mich aus dem Kindergarten abholte und mit mir ins Restaurant eilte. Er war immer mit Kochen beschäftigt, und ich schaute ihm fasziniert zu. Manchmal erhielt ich kleinere Aufträge, z.B. den Parmesan zu hobeln oder die Kartoffeln durch die Presse zu drücken. Ich war in meinem Element!

Hier ist das Rezept für Dinos Erbsen, die Sie am besten am Vortag zubereiten, damit die Aromen über Nacht intensiver werden können.   *Für 4 Personen.*

2 EL Olivenöl

1 kleine Zwiebel, fein gewürfelt

2 Knoblauchzehen, fein gehackt

2 TL Tomatenmark

400 g Tomaten aus der Dose, mit der Hand
   zerkleinert

1 TL Zucker

1 TL Zimt

200 g frische Erbsen, gepalt

1 kleines Bund fein gehackter frischer Dill oder
   1½ EL getrockneter Dill

Salz

Das Olivenöl in einem Topf erhitzen, die Zwiebel zugeben und bei mittlerer Hitze glasig garen. Knoblauch und Tomatenmark zugeben und 1 Minute rühren. Tomaten, Zucker und Zimt zugeben und 5 Minuten kochen.

   Erbsen, 3 Esslöffel Wasser, Dill und 1 Prise Salz zugeben und aufkochen, dann die Hitze reduzieren und die Erbsen 20–30 Minuten köcheln lassen, gelegentlich umrühren.

   Abschmecken und warm servieren.

AUBERGINEN-HUMMUS

Diese Paste ist sehr einfach herzustellen und eignet sich als Dip ebenso wie als Aufstrich für Bruschetta — belegt mit gegrillten Tomaten und Basilikum und mit Dukka bestreut (s. Seite 76). *Für 4 Personen.*

1 große Aubergine	4 EL Olivenöl
Meersalz	200 g Kichererbsen aus der Dose, abgetropft
1 Knoblauchzehe, fein gehackt	1 EL Zitronensaft
1 TL gemahlener Kreuzkümmel	1 EL Tahini

Die Aubergine über einer Gasflamme oder in der Grillpfanne von allen Seiten schwärzen. Abkühlen lassen, dann längs halbieren. Am Stängelansatz festhalten und das Fleisch mit einem Löffel von der Schale schaben. Das Fruchtfleisch in einem Sieb abtropfen lassen.

Das Auberginenfleisch mit 1 Prise Meersalz und den restlichen Zutaten in eine Küchenmaschine geben und zu einem fast glatten Püree verarbeiten. Nochmals abschmecken und bis zum Servieren in den Kühlschrank stellen.

Tipp Wenn Sie das Räucheraroma nicht mögen, backen Sie die Aubergine: längs halbieren und das Fruchtfleisch diagonal einschneiden. Auf ein Backblech legen, mit Olivenöl beträufeln, Salz und Pfeffer zugeben und im vorgeheizten Ofen (180 °C) etwa 45 Minuten weich garen. Abkühlen lassen, dann wie oben beschrieben fortfahren.

SALZ-UND-PFEFFER-TOFU

Dieser herrlich pikante Tofu passt sehr gut zu dem Gericht Rot geschmorte Pilze (s. Seite 50). *Für 4 Personen.*

1 Block Tofu, gut abgetropft	2 EL Meersalz
100 g Mehl	1 EL chinesisches Fünf-Gewürze-Pulver
50 g Maismehl	1 EL Chiliflocken
1 EL weißer Pfeffer	Pflanzenöl, zum Frittieren

Das Öl in einer Pfanne bis kurz vor den Rauchpunkt erhitzen (etwa 180 °C).

Beide Mehlsorten, Pfeffer, Salz, Fünf-Gewürze-Pulver und Chiliflocken in einer Schüssel vermengen. Die Tofuwürfel darin wälzen und 1–2 Minuten im Öl knusprig frittieren. Auf Küchenpapier abtropfen lassen.

ROTE-LINSEN-DAAL

Als ich Urlaub in Jodphur gemacht habe, entdeckte ich die Werbung einer Kochschule, und ich ging hin. Außer mir gab es nur noch einen weiteren Schüler, aber unserem Lehrer machte das nichts aus. Wir verbrachten einen sehr interessanten Tag, an dem wir unsere unterschiedlichen Kochtraditionen und -gewohnheiten diskutierten. Und ich lernte dort, wie man Daal zubereitet. Ich finde, es schmeckt eigentlich am Tag nach der Zubereitung am besten. Wenn Sie also genügend Zeit haben, kochen Sie es im Voraus.

Sie können Daal auf Fladenbrot oder einem Pizzaboden verstreichen, mit süßer Chilisauce beträufeln, mit Mozzarella belegen und knusprig überbacken. Es schmeckt aber auch kalt als Vorspeise mit griechischem Joghurt, Fladenbrot und Gurkenstreifen.

Experimentieren Sie mit diesem Gericht, passen Sie es an Ihre Vorlieben an – verwenden Sie andere Gewürze, Orangensaft statt Zitrone, verwenden Sie verschiedene Chilisaucen oder andere Linsensorten. Die Möglichkeiten sind unbegrenzt. *Für 4 Personen.*

350 g rote Linsen
2 EL Traubenkern- oder Pflanzenöl
3 TL Kreuzkümmelsamen
2 TL schwarze oder gelbe Senfkörner
1 weiße Zwiebel, fein gewürfelt
4-cm-Stück Ingwerwurzel, geschält und fein
   gehackt oder gerieben
2 Knoblauchzehen, fein gehackt oder gerieben
1 frische rote Chili, entkernt und fein gehackt
   (wenn Sie es sehr scharf lieben, belassen Sie die
   Kerne in der Frucht)
3 TL Currypulver

4 TL gemahlener Kreuzkümmel
1 TL gemahlene Kurkuma
1 Prise Chilipulver
1 EL Tomatenmark
2 kleine oder 1 große Zimtstange
400–500 ml Gemüsebrühe oder Wasser
Meersalz
Zitronensaft, zum Abschmecken
1 Bund frisch gehackte Minze
1 Bund frisch gehackter Koriander
süße Chilisauce (nach Belieben), zum Servieren

Die roten Linsen abspülen, in einen Topf geben und mit kaltem Wasser bedecken. Aufkochen, dann durch ein feines Sieb abseihen, kalt abspülen und abtropfen lassen.

Das Öl in einem großen Topf erhitzen, Kreuzkümmel und Senfkörner hinzugeben. 30 Sekunden anrösten. Zwiebel zugeben. (Dadurch sinkt die Temperatur augenblicklich; achten Sie darauf, dass die Senfkörner nicht anbrennen, sonst wird das Daal bitter.) Bei mittlerer Hitze garen, bis die Zwiebel glasig ist. Ingwer, Knoblauch, Chili und Gewürze zugeben und 3 Minuten weitergaren. Das Tomatenmark hinzufügen und 1 Minute braten.

Linsen, Zimtstangen und Brühe zugeben und aufkochen. Dann die Hitze reduzieren und 15 Minuten köcheln lassen, bis die Linsen weich sind und die Mischung eindickt. (Falls nötig, etwas Wasser zugeben.) Vom Herd nehmen, Meersalz einstreuen und Zitronensaft nach Geschmack zugeben.

Etwas abkühlen lassen, dann mit den Kräutern bestreuen (sonst verlieren sie ihre Farbe). Ich gebe gern noch etwas süße Chilisauce hinzu. Warm servieren.

KARDAMOM-FLADENBROT

Fladenbrot ist sehr leicht und rasch zubereitet; noch schneller geht es, wenn Sie glücklicher Besitzer einer Küchenmaschine sind, die auch Teig kneten kann. Den Kardamom können Sie auch durch Chiliflocken, Schwarzkümmel- oder Kreuzkümmelsamen ersetzen. Ergibt *8 Stück.*

¾ EL Trockenhefe
½ EL Zucker
250 ml lauwarmes Wasser (nicht zu heiß, damit
    die Hefe nicht abstirbt)
400 g Mehl, plus etwas mehr zum Bestäuben

15 Kardamomkapseln, im Mörser zerstoßen,
    Kapseln entfernt
3 TL Meersalz
1 EL natives Olivenöl extra, plus etwas mehr
    zum Einfetten

Hefe, Zucker und Wasser in einer kleinen Schüssel anrühren. An einem warmen Ort etwa 10 Minuten ruhen lassen, bis die Mischung Blasen wirft.

Das Mehl in eine Rührschüssel sieben und Kardamom und Salz zugeben. Das Öl in die Hefemischung geben und alles zum Mehl gießen. Mit dem Knethaken der Küchenmaschine oder mit den Händen vermengen.

Sobald sich die Anteile verbinden, die Masse auf eine leicht bemehlte Arbeitsfläche geben und 10 Minuten zu einem glatten Teig kneten. (Oder die Küchenmaschine auf niedriger Stufe arbeiten lassen und unterdessen eine Tasse Tee trinken!) Den Teig in eine eingeölte Schüssel geben, abdecken und an einem warmen Ort auf doppelte Größe aufgehen lassen (etwa 1–11/2 Stunden). Wieder auf die bemehlte Arbeitsfläche geben, durchkneten und in 8 Kugeln aufteilen.

Mit dem Nudelholz jede Kugel zu einem 5 mm dünnen Fladen ausrollen. Die Fladen auf ein mit Backpapier ausgelegtes Backblech legen. (Bis hierhin können Sie den Teig auch am Vortag vorbereiten und bis zum Weiterverarbeiten sehr kalt stellen.)

Eine Grillpfanne vorheizen, jeden Teigfladen mit etwas Olivenöl einfetten und mit der geölten Seite nach unten vorsichtig in die Pfanne geben. Bei mittlerer Hitze etwa 1 Minute backen. Der Teig sollte goldbraun werden und leicht Blasen werfen. Wenden und von der anderen Seite backen. Aus der Pfanne nehmen und warm stellen.

Tipp Falls Sie das Fladenbrot nicht frisch servieren, sollten Sie es vor dem Verzehr nochmals aufbacken.

SÜNDHAFT
süß

WEICHE BAISERROLLE MIT APRIKOSEN-MASCARPONE

Statt der Aprikosen eignen sich auch Pflaumen und Erdbeeren; das Orangenwasser lässt sich durch Rosenwasser ersetzen. Andere fantastische Ergänzungen wären Himbeeren, Minze, Litschis oder Pinienkerne. Wenn Sie es schlicht mögen, nehmen Sie einfach Schlagsahne und Lemon Curd. *Für 6 Personen.*

Für das Baiser

Öl, zum Einfetten

4 Eiweiß

200 g Feinzucker

2 Tropfen Vanillearoma

1 TL weißer Essig

1 TL Maismehl, gesiebt

Puderzucker, zum Bestäuben

Für die Füllung

25 g Feinzucker

6 Aprikosen, entsteint und geviertelt

2 Stücke in Sirup eingelegter Ingwer, fein gewürfelt

250 g Mascarpone

175 g griechischer Joghurt

50 g Puderzucker, plus etwas mehr zum Bestäuben

3 EL Orangenblütenwasser

25 g Pinienkerne (nach Belieben)

6 frisch gehackte Minzeblätter

Für das Baiser den Backofen auf 200 °C vorheizen. Ein Backblech (23 cm x 33 cm) mit Backpapier auslegen und dieses leicht einölen.

Das Eiweiß in einer Schüssel steif schlagen. Den Zucker nach und nach zugeben und weiterrühren, bis eine dicke, glänzende Masse entsteht. Vanillearoma, Essig und Maismehl unterziehen. Die Masse gleichmäßig auf dem Blech ausstreichen und im Ofen 10 Minuten backen, dann die Temperatur auf 170 °C reduzieren und die Masse noch 10 Minuten weiterbacken.

Eine Lage Backpapier mit Puderzucker bestäuben. Den Baiser aus dem Ofen nehmen und 2–3 Minuten abkühlen lassen, dann auf das Backpapier mit dem Puderzucker stürzen.

Noch einmal 5 Minuten abkühlen lassen, dann vorsichtig das Backpapier vom Biskuit abziehen. Den Biskuit bis zur Verwendung von der Längsseite her mithilfe des darunterliegenden Backpapiers aufrollen.

Für die Füllung eine große Bratpfanne erhitzen. Den Zucker auf einen Teller streuen. Die Aprikosen im Zucker wälzen und zusammen mit etwas Wasser in die Pfanne geben. 3 Minuten bei starker Hitze weich kochen. Herausnehmen und abkühlen lassen.

Ingwer, Mascarpone, Joghurt, Puderzucker und Orangenblütenwasser in einer Schüssel verrühren. Das Baiser wieder flach ausbreiten, mit der Mascarponemasse bestreichen. Die Aprikosen daraufgeben, mit Pinienkernen, falls verwendet, und Minze bestreuen und das Baiser mithilfe des Papiers wieder aufrollen. Bis zur Verwendung kalt stellen. In Scheiben schneiden und mit Puderzucker bestäubt servieren.

Tipp Statt frischer Aprikosen können Sie auch getrocknete Früchte aus ökologischem Anbau verwenden. In heißem Wasser einweichen, dann hacken. Für eine extravagantere Mischung die Aprikosen in warmem Sauternes einweichen. Beachten Sie auch, dass Rosen- und Orangenblütenwasser in der Qualität sehr schwanken.

APFEL-MANDEL-BAKLAVA MIT LOKUM-EISCREME

Natürlich gehört ein Baklava-Rezept in dieses Kapitel, aber traditionelle Baklava ist mir einfach zu süß. In diesem Rezept verwende ich eingeweichte Apfelringe, die trotz des Honigsirups wesentlich leichter schmecken. Statt der Äpfel können Sie auch getrocknete Aprikosen oder Birnen verwenden.   *Für 4–6 Personen.*

Für die Baklava

175 g Butter, zerlassen, plus etwas mehr zum Einfetten

100 ml Weinbrand

250 g getrocknete Apfelringe, grob gehackt

400 g ganze Mandeln, geröstet und grob gehackt

50 g Feinzucker

2 TL Zimt

8 Filoteigblätter (30 cm x 20 cm)

Für den Sirup

125 g flüssiger Honig

250 g Feinzucker

150 ml Wasser

1 Zimtstange

2 Orangenzesten

30 ml Rosenwasser

50 ml Weinbrand

Für die Eiscreme

110 g Crème double

110 ml Milch

30 g Magermilchpulver

150 g Feinzucker

350 g griechischer Joghurt

100 g Lokum (griechische Süßigkeit), fein gehackt oder gewürfelt

1 Schale Brombeeren

Für die Baklava den Backofen auf 180 °C vorheizen. Den Boden einer Backform (30 cm x 20 cm) mit etwas zerlassener Butter einstreichen. Den Weinbrand in einen Topf gießen und erwärmen. Die Apfelringe in eine Schüssel geben und mit dem Weinbrand begießen. 10 Minuten ziehen lassen.

Mandeln, Zucker und Zimt in einer Schale verrühren.

1 Filoteigblatt mit etwas zerlassener Butter bestreichen und ein zweites Teigblatt darauflegen. Die doppelte Lage Teig in die Backform legen. Ein Drittel der Mandelmischung darüberstreuen, dann ein Drittel der Apfelringe.

2 weitere Filoteigblätter wie oben verarbeiten, in die Form legen und wieder Mandelmischung und Äpfel daraufgeben. So weiterverfahren, bis alle Teigblätter, Mandelmischung und Äpfel aufgebraucht sind. Zuoberst muss eine Schicht Filoteig liegen. Die oberste Schicht nicht mit Butter bestreichen.

Mit einem scharfen Messer ein Rautenmuster in den Teig schneiden. Mit Wasser beträufeln, damit sich der Teig nicht hebt, und im Ofen 20–25 Minuten goldbraun backen. Aus dem Ofen nehmen und abkühlen lassen.

Alle Zutaten für den Sirup in einen Topf geben und aufkochen. 10 Minuten köcheln lassen, bis die Mischung eindickt und an der Rückseite eines Löffels hängen bleibt. Den heißen Sirup über die kalte Baklava geben und einige Stunden (oder über Nacht) ruhen lassen, bis der Sirup aufgesogen ist.

Für die Eiscreme in einer Schüssel Crème double, Milch, Milchpulver und Zucker verquirlen, in einen Topf geben und aufkochen. Vom Herd nehmen und abkühlen lassen. Den Joghurt unterrühren, dann die Masse in der Eismaschine zu Eiscreme verarbeiten. Nach 5 Minuten Lokum und Brombeeren zugeben, die Maschine weiterarbeiten lassen. Die Baklava-Rauten vorsichtig aus der Form nehmen und mit der Eiscreme servieren.

BANANEN-BAKLAVA MIT GRIECHISCHEM JOGHURT

Ich liebe Bananen. Meine Mutter bereitete uns früher oft Bananen mit Custard als Dessert zu – köstlich und cremig. Als besondere Leckerei gab es manchmal Vanilleeiscreme dazu. Manchmal sind die einfachsten Dinge die besten! Servieren Sie dieses Rezept zum Brunch; es schmeckt einfach wunderbar. *Für 4 Personen.*

Für die Baklava

125 g Walnüsse, abgezogen

125 g Mandeln, abgezogen

1 TL Zimt

4 EL Feinzucker

4 Filoteigblätter (30 cm x 20 cm)

25 g Butter, zerlassen

4 Bananen

1 Ei, verquirlt

Für den Sirup

200 g Honig

200 ml Wasser

Saft und abgeriebene Schale von 1 unbehandelten Orange

1 Zimtstange

griechischer Joghurt, zum Servieren

Den Backofen auf 180 °C vorheizen.

Walnüsse und Mandeln mit Zimt und Zucker in der Küchenmaschine zerhacken. 1 Teigblatt auslegen, mit etwas zerlassener Butter bestreichen und längs falten. Mit den restlichen Blättern ebenso verfahren. Die Bananen schälen und je 1 Banane auf ein Teigrechteck legen. Die Nussmischung darauf verteilen.

Den Rand jedes Teigblatts mit Butter bestreichen. Den Teig an einer Längsseite anheben, über die Banane schlagen, dann die kurzen Seiten einfalten und den Teig mit der Banane aufrollen. Mit Butter bestreichen und verschließen.

Auf ein mit Backpapier ausgelegtes Backblech geben und im Ofen 15–20 Minuten goldbraun backen. Herausnehmen und leicht abkühlen lassen.

Für den Sirup alle Zutaten in einen Topf geben und aufkochen. Leicht köchelnd eindicken lassen.

Die Baklava in Scheiben schneiden, mit Sirup beträufeln und mit griechischem Joghurt servieren.

SCHOKOLADENTRÜFFELN

Als ich Küchenchefin im Delfina's war, servierten wir Schokoladentrüffeln zum Kaffee und erlangten eine gewisse Berühmtheit für unsere ungewöhnlichen Geschmacksrichtungen. Viele Gäste wollten gern Trüffeln kaufen, aber da sie so aufwendig herzustellen waren, mussten wir das ablehnen. Hoffentlich lesen einige unserer damaligen Gäste nun dieses Buch; ihnen schenke ich dieses Rezept. Wieder einmal gebührt die Ehre für einige dieser Rezepte meinen wunderbaren Köchen. Sich besonders kreative und innovative Aromen auszudenken, entwickelte sich zu einer Art stillem Wettkampf zwischen uns. Ergibt *30 Stück*.

160 g **Crème double**   20 g **Butter, gewürfelt**

200 g **Zartbitterschokolade mit möglichst hohem**   100 g **Kakaopulver, zum Bestäuben**
     Kakaoanteil, in kleine Stücke gebrochen

Die Crème double mit den Zutaten nach Wahl (siehe unten) in einen Topf geben und erhitzen. Vom Herd nehmen und 30 Minuten ziehen lassen.

Schokolade und Butter in eine Schüssel geben. Die Crememischung wieder auf den Herd stellen und bis kurz vor den Siedepunkt erhitzen, dann durch ein Sieb über Schokolade und Butter gießen und alles glatt rühren. Die Masse in einen Kunststoffbehälter füllen, abkühlen und dann im Kühlschrank fest werden lassen. Das Kakaopulver auf einen großen Teller streuen. Mit einem Melonenausstecher Trüffeln aus der Schokoladenmasse stechen, im Kakaopulver wälzen, mit der Hand formen und nach Bedarf noch einmal kalt stellen.

Geschmacksrichtungen

Orange/Basilikum Zesten von 1 unbehandelten Orange und einige Basilikumstängel verwenden.

Zitrone/Thymian Zesten von 1 unbehandelten Zitrone und einige Thymianzweige verwenden.

Kaffirlimette/Chili 4 Kaffirlimettenblätter und 1 halbierte rote Chili verwenden.

Kardamom/Orange Zesten von 1 unbehandelten Orange und 1 Esslöffel zerstoßene Kardamomkapseln verwenden.

Rosmarin/Meersalz 3 Rosmarinzweige in die Crememischung, später etwa 1 Teelöffel Meersalz in die Schokoladen-Butter-Mischung geben.

Zimt 2 Zimtstangen in die Crememischung geben, das Kakaopulver zum Bestäuben mit 2 Teelöffel Zimt vermengen.

Granatapfel-Minze 40 g weniger Crème double verwenden und durch 40 ml Granatapfelsirup ersetzen. Einige Minzestängel dazugeben.

Lavendel 3 Esslöffel getrockneten Lavendel in die Crememischung geben.

Sie können auch mit verschiedenen Likören experimentieren, reduzieren Sie aber dann die Crème double um 50 ml, sonst wird die Mischung zu flüssig. Verwenden Sie auch Pfeffer, Muskat, Kurkuma oder Ingwer oder gehackte Trockenfrüchte und Nüsse für besonderen Biss.

BLAUSCHIMMEL-KÄSEKUCHEN MIT FEIGE

Dieser Käsekuchen eignet sich sowohl als Dessert wie auch als Ersatz für den Käse, der sonst zum Abschluss eines Menüs gereicht wird. Ich verwende einen wunderbaren französischen Käse, Fourme au Sauternes – sein delikates Aroma geht mit dem Kuchen eine wahrhaft himmlische Verbindung ein. Sie können alternativ auch einen anderen milden Blauschimmelkäse verwenden.

Verwenden Sie als Sherry Pedro Ximenez. Es ist ein fantastischer süßer Sherry, der im Mund wie flüssiger Karamell zergeht. Wenn Sie ihn einmal gekostet haben, werden Sie ihn niemals mehr missen wollen. Beträufeln Sie Vanilleeiscreme damit oder servieren Sie ihn zu heißem Schokoladenpudding. *Für 8 Personen.*

Für den Käsekuchen

250 g nur leicht gesüßte Vollkornkekse

90 g Butter, zerlassen

250 g Frischkäse

4 große Eier, verquirlt

2 Tropfen Vanillearoma

200 g Feinzucker

200 g Fourme au Sauternes oder anderer milder Blauschimmelkäse, zerkrümelt

Für die Feigen

225 g Feinzucker

10 EL Sherry

6 Feigen, geviertelt

Den Backofen auf 180 °C vorheizen.

Für den Kuchen die Kekse und die zerlassene Butter in der Küchenmaschine mit kurzen Intervallen zu einer krümeligen Masse verarbeiten. Diese in eine Springform mit 20 cm Durchmesser geben und auf dem Boden und an den Seiten (bis auf halbe Höhe) andrücken. Den Frischkäse in eine Rührschüssel geben. Mit dem Handrührgerät verquirlen und dabei nach und nach Eier, Vanillearoma und Zucker zugeben.

Die Hälfte des zerkrümelten Käses zufügen.

Die Käsemischung auf den Teigboden geben und den restlichen zerkrümelten Käse daraufstreuen. Etwa 45 Minuten im Ofen backen. Abkühlen lassen, dann mindestens 3 Stunden in den Kühlschrank stellen.

Für die Feigen Zucker und 6 Esslöffel Wasser in einen kleinen Topf geben. Bei schwacher Hitze vorsichtig köcheln lassen, bis die Masse dunkel karamellisiert. Vom Herd nehmen und den Sherry nach und nach zugeben. (Vorsicht, der Karamell könnte spritzen!) Den Topf wieder auf den Herd stellen und die Mischung aufkochen.

Vom Herd nehmen und die Feigenviertel zugeben. Abkühlen lassen und bis zum Servieren in den Kühlschrank stellen.

Den Kuchen stückweise auf Teller geben und mit einigen Feigenvierteln anrichten.

INGWERSORBET

Honigmelone und Basilikum passen perfekt zu diesem verführerischen und köstlichen Sorbet. Sie können das Sorbet auch mit Champagner als erfrischenden Cocktail servieren. *Für 8 Personen.*

225 g Zucker
450 ml Wasser
Saft und abgeriebene Schale von 2 unbehandelten
   Zitronen

4 EL fein geriebener frischer Ingwer
¼ Honigmelone, gewürfelt, zum Servieren
1 Handvoll frisches Basilikum, zum Servieren

Zucker und Wasser in einen Topf geben, aufkochen und 5 Minuten köcheln lassen. Zitronensaft und -schale sowie den Ingwer zugeben.

Die Mischung in einen Gefrierbehälter füllen und abkühlen lassen. 3 Stunden ins Gefrierfach geben, einmal in der Stunde die Masse mit der Gabel auflockern.

BLUTORANGEN-ROSMARIN-SORBET

Die Blutorange ist eine tolle Frucht – sie schmeckt in Desserts ebenso gut wie in herzhaften Gerichten. Hier wird sie mit Rosmarin kombiniert, eine betörende Verbindung. Wenn Sie diese Aromakombination mögen, dann lassen Sie sich doch von folgenden Anregungen inspirieren: süßes Rosmaringebäck mit Blutorangen-Curd, mit Schokolade beträufelt; Rosmarin-Fladenbrot mit Ziegenkäse, Blutorange und einigen Blättern Bitterspinat (Ndole, Afro-Shop); Rosmarin-Halloumi oder Seitanspieße mit Blutorange, Oliven und Endivie. *Für 8 Personen.*

110 g Feinzucker
110 ml Wasser
1 großer frischer Rosmarinzweig

220 ml frisch gepresster Blutorangensaft
1 EL Grand Marnier (nach Belieben)
1 Prise Salz

Für den Zuckersirup Zucker, Wasser und Rosmarin in einen kleinen Topf geben und sanft aufkochen. 5 Minuten köcheln lassen, dabei stetig rühren, bis sich der Zucker aufgelöst hat. Vom Herd nehmen und etwa 20 Minuten abkühlen lassen. Durch ein Sieb in eine Schüssel abgießen, dann Saft, Likör, falls verwendet, und Salz einrühren.

In eine Eismaschine geben und nach Herstelleranweisung zu Eiscreme verarbeiten. Alternativ die Sorbetmasse in einen Gefrierbehälter füllen, ins Gefrierfach stellen und einmal stündlich mit einer Gabel auflockern, bis das Sorbet durchgefroren ist.

PFLAUMEN-ROTWEIN-SORBET

Dieses Sorbet begeistert schon durch seine Farbe. Ich verwende Fünf-Gewürze-Pulver, Sternanis ist aber ebenso gut geeignet. Die Zitronenzeste lässt sich durch Orangenzeste ersetzen. *Für 8 Personen.*

500 g vollreife Pflaumen, halbiert und entsteint
175 ml Rotwein
175 g Feinzucker
150 ml Wasser

2 TL chinesisches Fünf-Gewürze-Pulver
1 Zimtstange
3 Zitronenzesten (mit dem Zestenschneider oder
Sparschäler abgezogen)

Alle Zutaten in einen Topf geben. Bei mittlerer Hitze unter gelegentlichem Rühren 25 Minuten köcheln lassen, bis die Pflaumen zerkocht sind. Zimtstange und Zitronenzeste entfernen, die Pflaumenmischung pürieren und durch ein Sieb in eine Schüssel streichen. Abkühlen lassen und abgedeckt mindestens 1 Stunde oder über Nacht in den Kühlschrank stellen. Dann nach Herstelleranweisung in der Eismaschine zu Eiscreme verarbeiten.

CRÈME BRÛLÉE MIT PFLAUME

Servieren Sie dieses Rezept als Teil eines Pflaumen-Menüs, zum Beispiel mit dem Pflaumen-Rotwein-Sorbet (oben) und dem Zimt-Pflaumen-Kuchen (s. Seite 130). *Für 6 Personen.*

3 Pflaumen, halbiert und entsteint
1 EL Feinzucker
1 Vanillestange
375 g Schlagsahne extra (mind. 36 % Fett)

3 Eigelb
60 g Feinzucker
3 EL Demerara-Zucker

Den Backofen auf 170 °C vorheizen. Eine Pfanne erhitzen. Die Pflaumen im Zucker wälzen und mit der Schnittseite nach unten in der heißen Pfanne scharf anbraten. Wenden und noch 1 Minute braten.

Die Vanillestange längs halbieren und das Mark auskratzen. Mark und Stange mit der Sahne in einen Topf geben und bis kurz vor den Siedepunkt erhitzen. Unterdessen Eigelb und Zucker in einer Schüssel schaumig aufschlagen. Die Vanillestange aus dem Topf nehmen und die heiße Sahne unter Rühren nach und nach zur Eimasse geben.

Wasser zum Kochen bringen. Die Pflaumenhälften auf 6 Ramequin-Formen verteilen und die Eiercreme darübergießen. Eine Auflaufform mit einem Küchentuch auslegen und die Formen hineinstellen. So viel kochendes Wasser in die Auflaufform gießen, dass die Ramequin-Formen bis zu drei Viertel der Höhe im Wasser stehen. Mit Alufolie abdecken und 30 Minuten im Ofen garen, bis die Crème brûlée gestockt ist. Die Formen aus dem Wasser nehmen und abkühlen lassen. Dann etwa 3 Stunden in den Kühlschrank stellen. Vor dem Servieren die Crème brûlée mit dem Demerara-Zucker bestreuen und einige Sekunden mit einem Flambierbrenner oder alternativ unter dem sehr heißen Backofengrill karamellisieren.

ZIMT-PFLAUMEN-KUCHEN

Ein weiteres köstliches Pflaumenrezept. *Für 8 Personen.*

110 g weiche Butter, plus etwas mehr zum
    Einfetten
200 g Feinzucker
2 Eier
200 g Mehl
1 TL Backpulver

1 Prise Salz
1 TL abgeriebene Zitronenschale
1 EL Zitronensaft
3 EL Milch
6 Pflaumen, halbiert und entsteint
2 TL Zimt

Den Backofen auf 180 °C vorheizen.

Eine Springform mit 20 cm Durchmesser einfetten und mit Backpapier auslegen. Butter und 170 g Zucker in einer Rührschüssel schaumig rühren. Die Eier in einer anderen Schüssel verquirlen und langsam in die Butter-Zucker-Mischung einrühren. Das Mehl sieben und mit Backpulver, Salz, Zitronenschale und -saft sowie Milch unter die Eiermischung heben. Den Teig in die Springform füllen.

Den restlichen Zucker mit dem Zimt in einer Schale vermengen. Die Pflaumenhälften darin wenden, dann vorsichtig mit der Schnittseite nach unten auf den Teig legen. Im Ofen 50 Minuten backen. An einem eingestochenen Holzspieß sollten beim Herausziehen keine Teigreste anhaften. Herausnehmen und leicht abkühlen lassen, dann aus der Springform lösen. In Stücke schneiden und warm servieren.

Variationen über Kaffee

Ich liebe guten Kaffee. Was die Zubereitung von Kaffee angeht, bin ich wirklich eigen.

Hier habe ich einige Rezepte mit Kaffee für Sie zusammengestellt. Es ist erstaunlich, wie verwandlungsfähig er ist. Er eignet sich zwar auch für herzhafte Gerichte – wie Kaffee-Gnocchi oder Rotweinsauce –, aber ich schicke ihn hier auf eine süße Reise.

Für Gäste können Sie eine opulente Auswahl bereiten, indem Sie kleine Probierportionen von jedem Rezept servieren. Das ist nicht so schwierig, wie es scheint, denn Sie können alles im Voraus zubereiten.

CAFÉ-LATTE-EISCREME

Für 4–8 Personen.

200 ml Milch
50 g Kaffeebohnen
200 g Feinzucker

5 Eigelb
250 g Crème double

Milch, Kaffeebohnen und 50 g Zucker in eine hitzefeste Schüssel geben und ins Wasserbad mit siedendem Wasser stellen. 1 Stunde ziehen lassen. (Diesen Arbeitsschritt können Sie auch am Vortag ausführen.) Die Mischung in einen sauberen Topf abseihen und bis kurz vor den Siedepunkt erhitzen.

Unterdessen den restlichen Zucker mit dem Eigelb schaumig rühren.

Die heiße Kaffeemilch unter ständigem Rühren nach und nach in die Eiermasse gießen, dann die Mischung wieder in den Topf geben und bei schwacher Hitze rühren, bis die Masse an einem Löffelrücken haften bleibt. (Die Mischung darf nicht zu heiß werden, sonst gerinnt sie.)

Durch ein feines Sieb in eine Schüssel streichen und die Crème double einrühren.

Abkühlen lassen, in die Eismaschine füllen und nach Herstelleranweisung zu Eiscreme verarbeiten. Alternativ die Masse in einen Gefrierbehälter füllen, ins Gefrierfach stellen und stündlich mit dem Löffel durchrühren, bis die Masse durchgefroren ist.

CRÈME CARAMEL MIT KAFFEEBOHNEN

Für *7 Mini-Ramequins (oder 4 größere)*

Für den Karamell

110 g Feinzucker

20 ml Wasser

2 EL Espresso

Für die Eiercreme

225 g Crème double

1 EL Kaffeebohnen

½ Vanillestange, das Mark herausgekratzt

1 Eigelb

1 Ei

65 g Feinzucker

Zum Servieren

Kaffee-Tuiles für 4–6 Personen (s. Seite 137)

Pochierte Kaffee-Birnen für 4–6 Personen

(s. Seite 136)

Für den Karamell Zucker und Wasser in einen Topf geben und bei schwacher Hitze unter Rühren erwärmen. Wenn der Zucker aufgelöst ist, die Hitze heraufschalten und die Mischung ohne Rühren aufkochen und leise köcheln lassen, bis die Masse bräunt. Den Topf vom Herd nehmen und den Espresso vorsichtig eingießen. Glatt rühren und 2 Minuten köcheln lassen, dann auf die Ramequin-Förmchen verteilen.

Für die Eiercreme den Backofen auf 150 °C vorheizen. Crème double, Kaffeebohnen, Vanillestange und -mark in einen Topf geben und bei niedriger Hitze aufkochen. Vom Herd nehmen und 10 Minuten ziehen lassen.

Eigelb, Ei und Zucker in einer Schüssel zu einer schaumigen Masse aufschlagen. Die Crème-double-Mischung (die Vanillestange entfernen) unter Rühren nach und nach zugeben und die Masse in die Ramequin-Förmchen geben. Eine kleine Auflaufform mit einem Küchentuch auslegen, die Förmchen daraufstellen und die Auflaufform bis zur halben Höhe der Förmchen mit kochendem Wasser füllen. Kleine Formen 20–30 Minuten, größere 30–40 Minuten im Ofen garen, bis die Eiercreme gestockt ist.

Die Ramequins herausnehmen und abkühlen lassen, dann 2 Stunden oder über Nacht in den Kühlschrank stellen.

Zum Servieren mit einem Messer um den Innenrand der Formen fahren und die Crème Caramel auf einen Teller stürzen. Mit Kaffee-Tuiles und Pochierten Kaffee-Birnen servieren.

POCHIERTE KAFFEE-BIRNEN

Für *4–6 Personen.*

750 ml Espresso

100 g Feinzucker

6 Kardamomkapseln

2 Zimtstangen

2 Lorbeerblätter

2 Gewürznelken

4 Birnen

steif geschlagene Sahne und Kaffee-Gelee für
4–6 Personen (siehe unten), zum Servieren

Espresso, Zucker, Kardamomkapseln, Zimtstangen, Lorbeer und Gewürznelken in einen kleinen Topf geben und vorsichtig aufkochen, bis der Zucker sich auflöst.

Die Birnen mit einem Sparschäler schälen, die Stängel nicht abschneiden. (Damit die Birnen schön glatt aussehen, reiben Sie sie mit einem sauberen Küchentuch ab. Danke für den heißen Tipp, Dave!)

Die Birnen in den Topf mit der köchelnden Espressomischung geben. Mit einer Lage Backpapier abdecken und mit einem Teller beschweren. Die Birnen 20 Minuten pochieren, bis sie weich sind. Den Topf vom Herd nehmen und die Birnen darin abkühlen lassen, dann in den Kühlschrank stellen. Die Espressomischung abseihen, 300 ml Flüssigkeit für das Gelee (siehe unten) auffangen und beiseitestellen.

Die restliche Flüssigkeit bei mittlerer Hitze zu einem Sirup einkochen und abkühlen lassen. Die Birnen auf Dessertteller geben, mit dem Sirup beträufeln und mit Schlagsahne und Kaffee-Gelee servieren.

KAFFEE-GELEE

Für *4–8 Personen.*

300 ml Kaffee-Birnen-Sud (vom Pochieren der Birnen oben)

2 g Agar-Agar

Pochierte Kaffee-Birnen (siehe oben), zum Servieren

Den Kaffee-Birnen-Sud in einen Topf geben und bei mittlerer Hitze aufkochen. Dann das Agar-Agar einrühren. Die Hitze reduzieren und die Mischung 2 Minuten unter Rühren köcheln lassen. In einen flachen Behälter gießen, abkühlen und im Kühlschrank fest werden lassen.

Das Gelee in Würfel schneiden und mit den Kaffee-Birnen servieren.

Tipp Sie können die Geleemasse auch in Gläser füllen, mit Café-Latte-Eiscreme (s. Seite 134) oder Schlagsahne bedecken und bis zum Servieren kalt stellen.

KAFFEE-TUILES

Tuiles sind zarte Gebäckstücke, die normalerweise rund und gebogen sind und aufwendig über einem Nudelholz geformt werden. In diesem Rezept streiche ich den Teig einfach aus und breche ihn in lange Späne. Meiner Ansicht nach sehen die Tuiles auf diese Weise viel spektakulärer aus und sind leichter herzustellen. *Für 4–6 Personen.*

40 g Butter
2 TL Instant-Kaffee
40 g Mehl

40 g Puderzucker
1 Eiweiß

Die Butter in einen Topf geben und langsam zerlassen. Dann das Kaffeepulver unter Rühren darin auflösen. Mehl und Puderzucker zusammen in eine Schüssel sieben. Mit einem Holzlöffel das Eiweiß und die Buttermischung einarbeiten, sodass sich ein glatter Teig bildet. Mindestens 20 Minuten oder über Nacht in den Kühlschrank stellen.

Den Backofen auf 180 °C vorheizen.

Den Teig dünn auf einem beschichteten Backblech ausstreichen und etwa 4–5 Minuten backen, bis er am Rand braun wird.

Aus dem Ofen nehmen und abkühlen lassen, dann in lange Späne brechen. In einem luftdicht schließenden Behälter aufbewahren oder sofort verwenden.

ORANGEN-LAVENDEL-SIRUPKUCHEN

Ich glaube, es gibt nichts Besseres als Sirupkuchen. Dieser hier ist unglaublich aromatisch, wunderbar saftig und besitzt eine köstliche Konsistenz. Er basiert auf griechischem Walnusskuchen und orientalischem Orangenkuchen; ich habe ihm mit Lavendel (den Sie natürlich auch weglassen können) etwas Pfiff verliehen.

Servieren Sie ihn mit einem kleinen Orangen-Basilikum-Salat und mit einer Kugel Ingwersorbet (s. Seite 127) – ein Dessert, das Ihre Gäste begeistern wird.   *Ergibt 8–10 Stück.*

Für den Kuchen

250 g Butter, plus etwas mehr zum Einfetten

200 g Feinzucker

4 Eier

50 g Mehl

2 TL Backpulver

Saft und fein abgeriebene Schale von

  2 unbehandelten Orangen

250 g Grieß

200 g Mandelmehl

120 g griechischer Joghurt

Für den Sirup

Saft und fein abgeriebene Schale von

  4 unbehandelten Orangen

8 TL getrocknete Lavendelblüten

750 ml Wasser

2 Zimtstangen

550 g Zucker

Crème fraîche, zum Servieren

Für den Kuchen den Backofen auf 170 °C vorheizen. Eine Springform mit 20 cm Durchmesser einfetten und mit Backpapier auslegen.

In einer Schüssel Butter und Zucker schaumig aufschlagen. Die Eier nach und nach einrühren. Mehl und Backpulver sieben und in die Schüssel geben, dann Orangenschale, Grieß und Mandelmehl unterheben. Orangensaft und Joghurt zugeben und alles vorsichtig zu einer glatten Masse verrühren.

In die Springform geben und etwa 1 Stunde backen, bis der Teig sich fest anfühlt und keine Teigreste an einem eingestochenen Holzstäbchen hängen bleiben.

Unterdessen den Sirup zubereiten: Alle Zutaten in einen Topf geben und bei schwacher Hitze unter Rühren aufkochen. Die Hitze so weit wie möglich reduzieren und alles 20 Minuten zu einem Sirup einköcheln lassen.

Den Kuchen aus dem Ofen nehmen und vielfach mit einem Holzspieß einstechen. Drei Viertel des heißen Sirups über den warmen Kuchen gießen und abkühlen lassen.

Zum Servieren den Kuchen mit dem restlichen Sirup beträufeln und mit einem großen Löffel Crème fraîche servieren.

ZITRONEN-MANDEL-BROWNIES

In diesem herrlichen Rezept gehen Zitrone und Mandel eine köstliche Verbindung mit weißer Schokolade ein. Die Güte weißer Schokolade kann sehr stark variieren – kaufen Sie in jedem Fall gute Qualität, auch wenn sie etwas mehr kostet.

Sie können das Rezept abwandeln, indem Sie frisches Basilikum oder Thymian zugeben. Wenn Zitrone nicht so Ihre Sache ist, verwenden Sie einfach Orange und Limette.

Das Geheimnis guter Brownies liegt in der Backzeit. Sie dürfen nicht zu lange im Ofen bleiben, damit sie schön saftig, fast wie Toffee schmecken.   Ergibt *1 Blech oder 9 Stück*

200 g Zartbitterschokolade, in kleine Stücke gebrochen
175 g Butter, gewürfelt
fein abgeriebene Schale von 2 Zitronen
3 Eier
1 Eigelb

150 g Feinzucker
25 g Kakaopulver
40 g Mehl
100 g weiße Schokoladentröpfchen
50 g Mandelblättchen

Den Backofen auf 180 °C vorheizen. Eine quadratische Backform (23 cm x 23 cm) mit Backpapier auslegen. Zartbitterschokolade, Butter und Zitronenschale in eine kleine hitzebeständige Schüssel geben und im Wasserbad erwärmen, bis die Schokolade langsam schmilzt. (Das Wasser darf nicht kochen!) Eier, Eigelb und Zucker in einer Schüssel schaumig rühren.

Die Schokoladenmasse nach und nach unter die Eier rühren. Kakao und Mehl einsieben und vorsichtig unterheben (Dadurch wird Luft in den Teig eingeschlossen und die Brownies werden lockerer). Weiße Schokoladentröpfchen und Mandelblättchen unterziehen.

Den Teig in die Backform geben und im Ofen 25 Minuten backen. Testen Sie den Teig mit einer Gabel – die Brownies sollten feucht sein, aber nicht roh. Bei Bedarf noch einmal 5 Minuten backen. In der Form abkühlen lassen, aus der Form nehmen und in Stücke schneiden.

ZITRONENGRAS-INGWER-TARTE

Für diese luxuriöse Tarte verfeinere ich Zartbitterschokolade mit duftendem Zitronengras, Kaffirlimette und Ingwer. Die mit weißer Schokolade gefüllten Litschis fügen noch einen Überraschungseffekt hinzu. Statt Litschis können Sie auch Himbeeren verwenden.   *Für 4–6 Personen.*

Für die Tarte

275 g Zartbitterschokolade, in kleine Stücke gebrochen

275 g Crème double

4 Stängel Zitronengras, sehr fein gehackt

3 TL gemahlener Ingwer

3 Kaffirlimettenblätter, sehr fein gehackt

Saft von 1 Limette

6 Eigelb

1 fertig gebackener Mürbeteigboden in einer Tarteform (s. Seite 164)

Für die Litschis

250 g weiße Schokolade, fein zerkleinert

2 Kaffirlimettenblätter, fein gehackt

1 kleine Dose Litschis, abgetropft

Kakaopulver, zum Bestäuben

Für die Tarte den Backofen auf 180 °C vorheizen. Schokolade, Crème double, Zitronengras, Ingwer, Kaffirlimettenblätter und Limettensaft in eine hitzebeständige Schüssel geben und im Wasserbad erhitzen, bis die Schokolade geschmolzen ist. Die Mischung glatt rühren. Abkühlen lassen.

Eigelb nach und nach zugeben und unterrühren. Die Schokoladenmischung auf den gebackenen Mürbeteigboden in der Form geben. 5 Minuten backen, bis die Masse eben fest wird. Abkühlen lassen, dann etwa 1 Stunde in den Kühlschrank stellen. Vor dem Servieren wieder auf Zimmertemperatur erwärmen.

Für die Litschis weiße Schokolade und Kaffirlimettenblätter in eine hitzebeständige Schüssel geben und im Wasserbad erwärmen, bis die Schokolade geschmolzen ist. Vom Herd nehmen und leicht abkühlen lassen, bis die Masse etwas andickt, so wird das Verarbeiten leichter.

Die Mischung in eine kleine Spritztüte geben und damit eine kleine Portion in jede Litschi füllen. In den Kühlschrank stellen, bis die Schokolade fest geworden ist.

Die Tarte mit etwas Kakao bestäuben und mit den gefüllten Litschis servieren.

GEFÜLLTE TEIGNESTER MIT FEIGEN, HONIG UND NÜSSEN

Ich freue mich auf die Feigensaison! Für dieses Rezept fülle ich die Früchte mit einer Baklava-ähnlichen Nussmasse. Diese werden dann in Kataifi-Teigfäden gehüllt (in griechischen oder als Kadayif-Teig in türkischen Lebensmittelläden erhältlich). Wenn Sie kein Kataifi finden, können Sie die Feigen auch in ein längs gefaltetes Filoteigblatt hüllen und frittieren. Dazu passt hervorragend Vanilleeiscreme.   *Für 6 Personen.*

150 g Honig

250 g Zucker

180 ml Wasser

1 Zimtstange

2 Orangenzesten

50 ml Orangenblütenwasser

Für die Feigen

110 g Walnüsse

25 g Mandeln

25 g Haselnüsse, abgezogen

1 Prise Zimt

6 große griechische Feigen

1 kleine Packung Kataifi-Teig, alternativ

  6 Filoteigblätter

150 g Butter, zerlassen

Pflanzenöl, zum Frittieren

300 g griechischer Joghurt, zum Servieren

Honig, Zucker, Wasser, Zimt, Orangenzesten und Orangenblütenwasser in einen Topf geben und aufkochen. Zu einem Sirup einkochen. Vom Herd nehmen und abkühlen lassen.

Alle Nüsse und Mandeln in einer Küchenmaschine grob hacken. In eine Schüssel geben, den Zimt und etwas Sirup unterrühren, sodass eine Masse entsteht.

Die Feigen mit einem scharfen Messer am Stielende kreuzförmig einschneiden, durch vorsichtigen Druck öffnen und mit der Nussmasse füllen.

Eine kleine Portion Kataifi flach auf einer Arbeitsfläche ausbreiten. Teig, der gerade nicht verarbeitet wird, mit einem feuchten Tuch abdecken, damit er nicht austrocknet. Die Kataifi-Portion mit etwas zerlassener Butter bestreichen und eine Feige damit umhüllen. Mit den restlichen Feigen ebenso verfahren. Bis zur Verwendung die Feigen mit einem feuchten Tuch abgedeckt in den Kühlschrank stellen.

Reichlich Pflanzenöl in der Fritteuse auf 180 °C erhitzen und die Feigen 1–2 Minuten darin ausbacken.

Mit einem Schaumlöffel herausnehmen und auf Küchenpapier abtropfen lassen. Großzügig mit dem Sirup beträufeln und sofort mit griechischem Joghurt servieren.

FRÜCHTEKUCHEN-BRÛLÉE MIT KARAMELLISIERTEN BLUTORANGEN

Für diese köstlichen Früchtekuchen-Brûlées können Sie Reste von jedem Früchtekuchen verwenden. Die Blutorangen ergeben eine sehr aromatische Beilage. Wenn sie gerade nicht erhältlich sind, eignet sich auch jede andere Zitrusfrucht. Versuchen Sie auch Blutorangen mit Baiser und Crème fraîche als Dessert – schnell und einfach. *Für 6 Personen.*

Für die Früchtekuchen-Brûlées	*Für die Orangen*
1 Vanillestange	3 Blutorangen
375 g Crème double	100 g Demerara-Zucker
3 Eigelb	2 frische Lorbeerblätter
60 g Feinzucker	3 Kardamomkapseln, zerstoßen
150 g Früchtekuchen, gewürfelt	3 Gewürznelken
4 EL Demerara-Zucker	3 Sternanis
	1 Zimtstange
	150 ml Rotwein

Für die Brûlées den Backofen auf 170 °C vorheizen.

Die Vanillestange längs aufschlitzen und das Mark auskratzen. Vanillestange und -mark sowie Crème double in einen Topf geben. Bis kurz vor den Siedepunkt erhitzen.

Eigelb und Zucker in einer Schüssel schaumig rühren. Die Vanillestange aus der Crème double nehmen und die heiße Crème double unter ständigem Rühren in die Eimasse gießen.

Die Früchtekuchen-Würfel auf 6 Ramequin-Formen verteilen. Die Eiercreme darübergeben.

Eine mittelgroße Auflaufform mit einem Küchentuch auslegen, die Förmchen daraufstellen und die Form bis zu drei Viertel der Höhe mit heißem Wasser auffüllen. Mit Alufolie abdecken und etwa 30 Minuten im Ofen garen, bis die Eiercreme gestockt ist. Die Ramequin-Formen aus der Auflaufform nehmen und abkühlen lassen. 3 Stunden in den Kühlschrank stellen.

Unterdessen die Orangen schälen und in 1 cm dicke Scheiben schneiden.

Den Zucker in eine Pfanne geben. Lorbeer und Gewürze zugeben und 3–4 Minuten vorsichtig erhitzen, bis der Zucker leicht karamellisiert ist. Die Orangenscheiben hinzufügen und 1 Minute unter Rühren karamellisieren.

Den Wein zugießen und alles noch 1 Minute kochen. Die Orangen mit einem Schaumlöffel herausnehmen und auf einem Teller anrichten. Die Wein-Sirup-Mischung weiter köchelnd eindicken lassen, dann vom Herd nehmen.

Abkühlen lassen und über die Orangenscheiben träufeln. Bis zum Servieren in den Kühlschrank stellen. Vor dem Servieren die Brûlées gleichmäßig mit Demerara-Zucker bestreuen und mit einem Flambierbrenner oder unter dem sehr heißen Backofengrill 1 Minute karamellisieren. Mit den gekühlten Blutorangen servieren.

Tipp Dieses Rezept ist die perfekte Basis für viele andere Aromenkombinationen. Versuchen Sie es einmal mit frischen Himbeeren statt Früchtekuchen.

HONIGGEBÄCK MIT JOGHURT-MASCARPONE-CREME

Dieses köstliche Gebäck erinnert ein wenig an Donuts, ist aber wesentlich leichter. Es basiert auf einem griechischen Rezept und kann auf vielerlei Weise abgewandelt werden. Geben Sie etwas Zimt hinzu oder nehmen Sie je nach Saison eine andere Obstsorte – entsteinte Kirschen, Rosenwasser, Minze und Pinienkerne ergeben eine köstliche Variation, ebenso frische Feigen, Backäpfel und Brombeeren (verwenden Sie dann Mandeln statt Pistazien). Es liegt ganz bei Ihnen. Den Teig können Sie bis zu 2 Tage im Voraus zubereiten. *Für 4 Personen.*

Für das Honiggebäck

3 Eigelb

1 Ei

25 g Butter, zerlassen und abgekühlt

25 g Feinzucker

fein abgeriebene Schale von 1 Orange

2 Tropfen Vanillearoma

¼ TL Backsoda

½ TL Backpulver

150 g Mehl, plus etwas mehr zum Bestäuben

Pflanzenöl, zum Braten

Für den Honig-Orangen-Sirup

5 EL Honig

Saft von 1 Orange

Für die Joghurt-Mascarpone-Creme

250 g Mascarpone

100 g griechischer Joghurt

50 g Puderzucker

3 EL Rosenwasser

Zum Garnieren

1 Schale Himbeeren

1 kleine Handvoll frisch gehackte Minzeblätter

30 g Pistazien, grob gehackt

Für das Gebäck Eigelb, Ei, Butter, Zucker, Orangenschale und Vanillearoma in eine Schüssel geben und verquirlen. Backsoda, Backpulver und 50 g Mehl einsieben. Alles zu einer glatten Masse verrühren. Das restliche Mehl einsieben und unterheben, bis ein lockerer Teig entsteht. Auf eine leicht bemehlte Arbeitsfläche geben und kurz zu einem glatten Teig verkneten. In Frischhaltefolie wickeln und 30 Minuten kalt stellen. Die Arbeitsfläche leicht bemehlen und den Teig rechteckig etwa 2–3 mm dick ausrollen. In Quadrate mit etwa 10 cm Seitenlänge schneiden. Abgedeckt im Kühlschrank aufbewahren (hält sich bis zu 2 Tage).

Zum Ausbacken reichlich Öl in einer Pfanne oder Fritteuse auf 180 °C erhitzen. Die Teigstücke portionsweise 1–2 Minuten goldbraun ausbacken. Der Teig geht dabei wunderbar auf. Mit einem Schaumlöffel herausnehmen und auf Küchenpapier abtropfen lassen.

Für den Sirup Honig mit Orangensaft in einem Topf bei schwacher Hitze köcheln lassen, bis er eine sirupartige Konsistenz hat. Abkühlen lassen.

Für die Creme Mascarpone, Joghurt, Puderzucker und Rosenwasser verrühren. Bis zum Servieren abgedeckt kalt stellen. Jedes Gebäckstück auf einem Teller mit einem Löffel Joghurt-Mascarpone-Creme anrichten und mit Himbeeren, Minze und Nüssen bestreuen. Mit dem Sirup beträufeln.

Tipp Kaufen Sie Rosenwasser am besten im orientalischen Feinkostladen, dort erhalten Sie hochwertige, konzentrierte Marken.

KÖSTLICHE
Kleinigkeiten

POCHIERTE EIER

Für mich gibt es nichts Köstlicheres als ein weiches pochiertes Ei auf Toast. Pochierte Eier sind einfach zuzubereiten.

Am besten gelingen pochierte Eier, wenn man ganz frische Exemplare verwendet, weil das Eiweiß dann fester ist. Die Eier sollten außerdem Zimmertemperatur haben. Der Rest ist simpel.

Beträufeln Sie das Ei mit ein wenig Trüffelöl und geben Sie einige Parmesanhobel und geschmorte Borlotti-Bohnen darauf. Mit Toast ein luxuriöser Snack! *Für 4 Personen.*

4 Bio-Eier	**Salz und Pfeffer**
etwas weißer Essig oder Malzessig	

Einen mittelgroßen Topf mit Wasser füllen, den Essig zugeben und aufkochen. (Durch den Essig stockt das Ei leichter; salzen Sie das Wasser nicht, sonst wird das Stocken eher verhindert).

Jedes Ei vorsichtig in eine Kaffeetasse oder eine Untertasse schlagen.

Sobald das Wasser kocht, umrühren, um eine Art „Whirlpool" zu erzeugen (dadurch erhalten die Eier eine schönere Form).

Die Eier vorsichtig einzeln ins Wasser gleiten lassen. Das Wasser sollte nur sanft köcheln, weil das Eigelb sonst vom Eiweiß getrennt wird. 3 Minuten garen, dann mit einem Schaumlöffel herausnehmen. Mit Salz und Pfeffer würzen.

Tipp Falls Sie die Eier im Voraus zubereiten wollen, pochieren Sie sie für 2½ Minuten, nehmen Sie sie dann aus dem Wasser und geben Sie sie in Eiswasser, sodass sie nicht weitergaren können. (So bereiten wir sie im Restaurant zu. Bei der Gelegenheit schneiden wir auch ausgefranste Teile ab.) Die Eier vor dem Servieren dann noch einmal in kochendem Wasser nicht länger als 1 Minute erhitzen.

BOHNENPÜREE MIT TRÜFFELÖL

Diese köstliche Kleinigkeit ist sehr leicht herzustellen. Das Püree eignet sich als Aufstrich für Bruschetta. Geben Sie sautierte Steinpilze, etwas Rucola und Parmesanhobel darauf. Es passt auch gut zu Thymian und mit Knoblauch gebratenen kleinen Roten Beten oder zu gegrillten Feigen mit Rucolasalat.

Für dieses Rezept verwende ich 4 EL Trüffelöl, die benötigte Menge kann aber nach Ihrem Belieben und nach Qualität des Öls variieren. Manchmal gebe ich auch noch einen Spritzer Zitronensaft hinzu. *Für 4 Personen.*

2 EL natives Olivenöl extra
1 Schalotte, fein gehackt
2 Knoblauchzehen, fein gehackt
6 frische Thymianzweige, Blätter abgezupft

300 g Cannellini-Bohnen aus der Dose
4 EL Trüffelöl
Salz und Pfeffer

Das Olivenöl in einer Pfanne erhitzen. Schalotte, Knoblauch und Thymianblätter zufügen und bei mittlerer Hitze braten, bis die Schalotte glasig ist. Die Bohnen abspülen und abtropfen lassen, mit 50 ml Wasser in die Pfanne geben und erhitzen. Alles in einen Mixer geben und unter Zugabe des Trüffelöls pürieren. Mit Salz und Pfeffer würzen.

Tipp Trüffelöl verträgt keine Wärme, also geben Sie es immer nach dem Kochen an das Gericht. Verwenden Sie es mit Liebe! Denken Sie auch daran, dass Trüffelöl schnell ranzig wird, also riechen Sie erst daran, bevor Sie es dazugeben. Sie wollen doch nicht Ihr köstliches Püree ruinieren!

ROSINEN-OREGANO-DRESSING

Dieses Dressing wird für das Rezept Mit Chili gebackener Feta auf Wassermelone (s. Seite 18) verwendet. Sie können es auch als Dressing-Alternative für die Karottenpuffer mit Hummus und Feta-Salat (s. Seite 14) einsetzen. Sehr gut schmeckt Rosinen-Oregano-Dressing mit warmen Borlotti-Bohnen und es passt wunderbar zum Fenchelsalat (s. Seite 100) oder zur Baklava (s. Seite 72). *Für 4 Personen.*

40 g Rosinen

1 Knoblauchzehe

1 Prise Meersalz

1 kleine Schalotte, fein gehackt

4 EL Rotweinessig

3 TL vegetarische Worcestersauce

abgeriebene Schale und Saft von
¼ unbehandelten Orange

3 Spritzer Tabasco

150 ml Olivenöl

2 TL frisch gehackter Oregano

Die Rosinen in einer Schale mit heißem Wasser übergießen und 20 Minuten quellen lassen. Abgießen und fein hacken. Den Knoblauch mit dem Salz im Mörser zerreiben und in eine Schüssel geben. Die restlichen Zutaten zusammen mit den Rosinen zugeben und alles verquirlen. Bis zum Verwenden in den Kühlschrank stellen; das Dressing hält einen Monat.

INGWER-MISO-DRESSING

Die Verbindung von Miso und Ingwer ist einfach himmlisch. Dieses vielseitige Dressing passt zu fast jedem Salat; mit japanischen Edamame-Bohnen harmoniert es besonders gut. Probieren Sie es zu gebratenen Shiitake-Pilzen und Salz-und-Pfeffer-Tofu (s. Seite 113). Es hält sich sehr gut im Kühlschrank. *Für 4 Personen.*

3-cm-Stück Ingwerwurzel, gerieben

1 Knoblauchzehe, gerieben

50 ml Reisessig

1 EL Sojasauce

1 EL Feinzucker

50 ml Sesamöl

1 EL Miso-Paste

2 EL Wasser

Alle Zutaten verrühren und bis zur Verwendung kühl aufbewahren.

TOMATEN-KOKOS-SAUCE MIT KARDAMOM

Diese herrliche Sauce reichen Sie am besten zu geschmortem Pak Choi mit Tofu und Jasminreis. Sie passt aber auch zu gebratener Polenta, asiatischen Wokgerichten sowie gegrilltem Romana-Salat mit weich gekochtem, geviertelem Ei und Reisnudeln als sommerlicher Salat. *Für 4 Personen.*

2 EL Traubenkern- oder Pflanzenöl	**500 g Romatomaten**
1 Zwiebel, fein gehackt	**5 g Palmzucker, fein gerieben (s. Seite 170)**
2-cm-Stück Ingwerwurzel, fein gehackt oder	**1 Prise Garam Masala**
gerieben	**Saft von ½ Zitrone**
1 frische rote Chili, entkernt und fein gehackt	**200 ml Kokosmilch**
2 Knoblauchzehen, fein gehackt oder gerieben	**2 EL frisch gehackter Koriander**
1 TL gemahlene Kurkuma	**Salz**
8 Kardamomkapseln, zerstoßen, Kapseln entfernt	

Das Öl in eine große Pfanne geben und erhitzen, die Zwiebel zugeben und bei mittlerer Hitze sautieren. Ingwer, Chili, Knoblauch, Kurkuma und Kardamom zugeben, die Hitze reduzieren und alles 5 Minuten köcheln lassen. Die Tomaten würfeln und hinzugeben. Palmzucker zufügen und die Mischung bei schwacher Hitze 15 Minuten garen.

Direkt vor dem Servieren Garam Masala, Zitronensaft, Kokosmilch und Koriander zugeben. Salzen, durcherhitzen und servieren.

TAHINI-JOGHURT-DRESSING

Dieses Dressing ergibt einen herrlichen Dip für Rohkost, schmeckt aber auch zu sautierten Pilzen – dafür einfach etwas mehr Wasser zugeben und mit Pilzen und Sesamsaat servieren, dazu einen Mischsalat reichen. Auch zum Kardamom-Fladenbrot (s. Seite 116) schmeckt es sehr gut. *Für 4 Personen.*

2 Knoblauchzehen	**120 g Tahini**
1 TL Meersalz	**Saft von 2 Zitronen**
300 g griechischer Joghurt	**1½ TL gemahlener Kreuzkümmel**

Knoblauch und Salz im Mörser zerreiben. In eine Schüssel geben und mit Joghurt, Tahini, Zitronensaft und Kreuzkümmel vermischen. 30 ml Wasser zugeben und alles glatt rühren. Bis zum Verbrauch in den Kühlschrank stellen.

MAIS-RELISH

Passt perfekt zu heißer Zitronengras-Mais-Suppe mit Crème fraîche (s. Seite 36). *Für 4 Personen.*

1 Maiskolben, Hüllblätter entfernt	**1 frische rote Chili, entkernt und fein gehackt**
5 EL Olivenöl	**10 g frisch gehackter Koriander**
Salz und Pfeffer	**1 Stängel Zitronengras, fein gehackt**

Den Maiskolben mit 1 Esslöffel Olivenöl bestreichen, mit Salz und Pfeffer würzen. In einer vorgeheizten Grillpfanne oder unter dem heißen Backofengrill weich garen. Etwas abkühlen lassen, dann die Maiskörner vom Kolben lösen, in eine Schüssel geben und mit den restlichen Zutaten vermengen. Abschmecken.

AUBERGINEN-RELISH

Dieses Relish schmeckt herrlich zum Gericht Rot geschmorte Pilze (s. Seite 50), kann aber auch mit Pasta vermengt oder mit reifem Gouda auf Toast angerichtet werden. Den Koriander können Sie durch Minze oder etwas gehackter Chili für einen Hauch Schärfe ersetzen. Das Relish schmeckt bei Zimmertemperatur am besten. *Für 4 Personen.*

1 Aubergine	**½ TL gemahlener Koriander**
100 ml Pflanzen- oder Traubenkernöl	**1 TL gemahlener Kreuzkümmel**
1 kleine Gemüsezwiebel, gewürfelt	**2 Tomaten, gehäutet and grob gehackt**
2 Knoblauchzehen, fein gehackt	**Saft von 1 Zitrone**
1-cm-Stück Ingwerwurzel, fein gehackt oder	**Meersalz**
geriebenen	**2 EL fein gehackter frischer Koriander**
1 TL gemahlene Kurkuma	

Die Aubergine längs halbieren, dann quer in 5 mm dicke Scheiben schneiden.
Das Öl in einer großen Pfanne erhitzen. Die Auberginenscheiben portionsweise braun braten. Auf Küchenpapier abtropfen lassen.

Die Zwiebel mit etwas Bratöl in einer weiteren Pfanne glasig braten. Knoblauch, Ingwer und Gewürze zugeben und 2 Minuten garen. Aubergine, Tomaten und 100 ml Wasser zugeben und alles bei schwacher Hitze 5 Minuten köcheln lassen. Das Wasser sollte dann verkocht sein.

Den Herd auschalten und den Zitronensaft zugeben. Mit Salz abschmecken. Abkühlen lassen und den Koriander zugeben. Die Mischung 1 Stunde durchziehen lassen. Am besten am Vortag zubereiten. Das Relish hält sich gut im Kühlschrank.

ASIATISCHE KIRSCHTOMATEN-SAUCE

Wenn Sie es pikant mögen, geben Sie zusätzlich 1 Prise Chiliflocken hinzu. Servieren Sie die Sauce dann auf asiatische Art mit Spaghetti, frischer Chili und Koriander oder als Spaghetti arrabbiata. *Für 4 Personen.*

2 EL Olivenöl	**2-cm-Stück Ingwerwurzel, fein gerieben**
1 TL gelbe Senfkörner	**450 g Kirschtomaten, halbiert**
½ TL Kreuzkümmelsamen	**1 Prise Zucker**
10 Curryblätter	**1 EL Tomatenmark**
2 Knoblauchzehen, fein gehackt	**1 Prise Meersalz**

Das Olivenöl in einem Wok oder einer Pfanne erhitzen. Senfkörner, Kreuzkümmelsamen und Curryblätter zugeben und braten, bis die Samen platzen. Vom Herd nehmen. Knoblauch und Ingwer zugeben, 30 Sekunden bei schwacher Hitze braten. Tomaten, Zucker, Tomatenmark, Salz und 2 Esslöffel Wasser zugeben und bei schwacher Hitze 10–15 Minuten köcheln lassen, bis die Tomaten weich sind und die Sauce eingekocht ist.

MEDITERRANE KIRSCHTOMATEN-SAUCE

Wenn Sie überreife Kirschtomaten verarbeiten wollen, eignet sich dieses Rezept sehr gut dafür. Die Sauce ist sehr leicht herzustellen und passt hervorragend zu Gnocchi. *Für 4 Personen.*

2 EL Olivenöl	**1 EL Tomatenmark**
2 Knoblauchzehen, fein gehackt	**1 Spritzer Balsamico-Essig**
350 g Kirschtomaten, halbiert	**1 Prise Zucker (nach Belieben)**
Meersalz	

Das Olivenöl in einer Pfanne erhitzen und den Knoblauch darin 30 Sekunden braten. Tomaten, Meersalz und Tomatenmark zugeben und bei schwacher Hitze 10–15 Minuten einköcheln lassen. Balsamico-Essig und, nach Belieben, Zucker zugeben.

GETROCKNETE TOMATEN

Diese Tomaten passen zusammen mit Büffelmozzarella und frischem Basilikum vortrefflich auf einen Antipasti-Teller. Geben Sie alternativ etwas Sumak in die Salz-Zucker-Mischung oder ersetzen Sie den Oregano durch frischen Thymian. *Für 4 Personen.*

4 Romatomaten	**2 TL frischer Oregano (nach Belieben)**
1 TL Zucker	**1 TL schwarzer Pfeffer**
1 TL Meersalz	**Olivenöl, zum Beträufeln**

Den Backofen auf 130 °C vorheizen. Die Tomaten längs halbieren und mit der Schnittseite nach unten auf ein Backblech legen. Zucker, Salz, Oregano, falls verwendet, und schwarzen Pfeffer in einer Schale vermischen. Die Tomaten damit bestreuen und 2 Stunden im Ofen karamellisieren und trocknen. Aus dem Ofen nehmen, mit etwas Olivenöl beträufeln und beiseitestellen. Zimmerwarm servieren.

Tipp Falls Sie lieber Kirschtomaten verwenden, verteilen Sie die Salz-und-Zucker-Mischung auf dem Backblech und geben Sie dann die Tomaten darauf.

CHERMOULA

Anissa Helou hat mich viele köstliche Rezepte aus der marokkanischen Küche gelehrt. Seitdem ich einen ihrer Kochkurse besucht habe, ist sie mir zugleich eine liebe Freundin und Inspiration.   *Für 4 Personen.*

50 g Koriander

2 Knoblauchzehen

1 TL gemahlener Kreuzkümmel

½ TL Paprikapulver

1 Prise Chilipulver

2 EL Zitronensaft

Salz

3 EL mildes Olivenöl

Koriander und Knoblauch grob hacken und mit Kreuzkümmel, Paprika, Chili und Zitronensaft in einen Mixer geben.

Eine kräftige Prise Salz zugeben und mixen. Nach und nach das Olivenöl dazugeben und alles glatt pürieren.

APFEL-RAITA

Sandrine, eine wunderbare Köchin im Delfina's, hat mir bei der Entwicklung dieses kühlen, erfrischenden Raita geholfen. Ich esse ihn gern mit Papadams und Daal, er passt aber eigentlich zu allen scharfen Gerichten. *Für 4 Personen.*

4 EL griechischer Joghurt

3-cm-Stück Salatgurke, geschält, entkernt und
   fein gewürfelt

½ Granny-Smith-Apfel, geschält, vom
   Kerngehäuse befreit und gerieben

2 EL fein gehackte rote Zwiebel

1-cm-Stück Ingwerwurzel, geschält und gerieben

1 Prise gemahlener Kreuzkümmel

1 Prise Garam Masala

Saft von 1 Limette

1 EL gehackter Koriander

Meersalz

Alle Zutaten in einer Schüssel vermischen und mit Meersalz abschmecken.

SALBEIBUTTER

Salbeibutter gibt Kartoffelpüree eine köstliche Note. Auch zu neuen Kartoffeln, Mais und Crème fraîche schmeckt sie wunderbar. *Für 4 Personen.*

150 g Butter   **2 TL Zitronensaft**
12 frische Salbeiblätter

Die Butter bei mittlerer Hitze in einem kleinen Topf erwärmen, bis sie schäumt und goldbraun wird. Den Herd ausschalten und die Salbeiblätter vorsichtig hineingeben. (Achtung, die Butter kann spritzen!) Den Zitronensaft zugeben und die Butter bis zur Verwendung kühl stellen.

THYMIAN-PESTO

Dies ist eine wunderbare Abwandlung des klassischen Basilikum-Pestos. Er schmeckt raffiniert und etwas erdig und ist die perfekte Beilage zu Pastinaken-Risotto (s. Seite 61). Geben Sie ihn auch zu Pasta oder Kartoffelpüree, oder variieren Sie das Rezept mit Walnuss, Marone oder Macadamianüssen. Falls Sie allergisch auf Nüsse reagieren, nehmen Sie einfach Sonnenblumen- oder Kürbiskerne. Mit Pecorino statt Parmesan wird der Pesto salziger und schärfer. *Für 4 Personen (für Pasta).*

1 kleines Bund frischer Thymian
½ kleines Bund frisches Basilikum
50 g Parmesan, frisch gerieben
50 g Pinienkerne, geröstet

2 Knoblauchzehen, fein gehackt
1 TL Meersalz
Saft von ½ Zitrone
75 ml Olivenöl, plus etwas mehr zum Bedecken

Die Blätter von den Thymian- und Basilikumzweigen zupfen und mit Parmesan, Pinienkernen, Knoblauch, Meersalz und Zitronensaft in einen Mixer geben. Zu einer groben Masse mixen. Bei laufendem Motor langsam das Öl zugießen, bis eine geschmeidige Paste entsteht.

Den fertigen Pesto in ein schmales hohes Gefäß geben und die Oberfläche mit etwas Öl bedecken. Bis zur Verwendung im Kühlschrank aufbewahren.

SÜSSER MÜRBETEIG

Dieser Mürbeteig eignet sich besonders gut als Boden für Tartes. Besonderes Aroma verleihen Sie dem Teig durch die Zugabe von Zitronen-, Orangen- oder Limettenschale. *Ergibt 1 Tarte von 20 cm Durchmesser.*

200 g Mehl, plus eventuell etwas mehr zum Bestäuben
70 g Feinzucker

100 g kalte Butter, gewürfelt
2 Eigelb
2–3 EL Milch

Mehl und Zucker in der Küchenmaschine vermengen. Die Butter zugeben und unterkneten, bis die Mischung krümelig wird. Bei laufendem Gerät Eigelb und so viel Milch zugeben, bis ein weicher Teig entsteht. Alternativ die Butter mit den Fingerspitzen in das Mehl einarbeiten, Zucker hinzufügen und dann Eigelb und Milch einarbeiten. Den Teig zu einer Kugel formen, in Frischhaltefolie verpacken und 20–30 Minuten in den Kühlschrank stellen.

Den Teig zwischen 2 Lagen Backpapier oder auf einer leicht bemehlten Arbeitsfläche ausrollen, bis sein Durchmesser einige Zentimeter über eine Tarteform hinausreicht. Die obere Schicht Backpapier abziehen und den Teig umgekehrt in die Tarteform legen, dann die zweite Lage Papier abziehen. Den Teig leicht am Boden andrücken, dann an den Seiten. Eventuell überhängenden Teig abschneiden. Die Form mit dem Teig 15 Minuten in den Kühlschrank oder ins Gefrierfach stellen (dies verhindert, dass der Teig beim Backen schrumpft).

Den Backofen auf 180 °C vorheizen.

Eine Lage Backpapier auf den Teig legen, darauf getrocknete Bohnen oder Reis geben, auf ein Backblech stellen und 10 Minuten blindbacken.

Bohnen und Papier vorsichtig entfernen. Den Teig noch einmal 5 Minuten in den Ofen geben, bis sich der Boden trocken anfühlt. In der Form auskühlen lassen.

ZIMTPLÄTZCHEN

Eines Tages tauchte eine junge Köchin namens Paula im Delfina's auf. Sie war einfach großartig. Ihr derzeitiger Job machte ihr keinen Spaß, und so bot ich ihr sofort eine Stelle an.

Miss P, wie sie liebevoll genannt wurde, backte außerordentlich leckere Plätzchen; dieses Rezept ist eine Abwandlung ihres Rezepts für Schokoladenkekse. Reichen Sie die Plätzchen zum Kaffee oder als Dessert mit Bratapfelspalten und einer Haube aus griechischem Joghurt. Ergibt *30 Stück.*

250 g weiche Butter
80 g Feinzucker
½ Dose Kondensmilch
2 Tropfen Vanillearoma

350 g Mehl
2 TL Backpulver
3 TL Zimt
125 g getrocknete Apfelringe, fein gehackt

Den Backofen auf 180 °C vorheizen.

In einer Schüssel Butter und Zucker schaumig rühren. Kondensmilch und Vanillearoma zugeben und unterrühren. Mehl, Backpulver und Zimt einsieben, die gehackten Apfelringe zugeben und alles zu einem Teig verarbeiten. Zu einer Rolle mit 4 cm Durchmesser formen. (Der Teig kann bis zum Verwenden im Kühlschrank aufbewahrt werden.)

Den Teig in 1 cm dicke Scheiben schneiden und diese mit Abstand auf ein beschichtetes Backblech legen.

Im Ofen 15–20 Minuten goldbraun backen. Das Backblech herausnehmen und die Zimtplätzchen kurz ruhen lassen. Dann vorsichtig mit einem Palettenmesser vom Blech lösen und auf einem Kuchengitter vollständig auskühlen lassen.

Tipp Ersetzen Sie auch einmal die Äpfel durch Mango und den Zimt durch Ingwerpulver. Die Äpfel können Sie in Weinbrand marinieren. Schokoladen-Fans können die erkalteten Plätzchen mit flüssiger Schokolade beträufeln.

BRÜHE

Brühe ist die Grundlage vieler Gerichte und sollte mit Sorgfalt und Liebe hergestellt werden!

40–45 Minuten sollte eine Brühe kochen, um den Geschmack der gekochten Zutaten anzunehmen, längeres Garen macht die Brühe bitter. Sie sollte außerdem direkt nach dem Kochen abgeseiht werden, sonst gart das Gemüse weiter.

Denken Sie daran, dass die Brühe hauptsächlich nach dem Gemüse schmeckt, das den größten Anteil hat; überlegen Sie sich also vorher, zu welchem Gericht die Brühe passen soll, und wählen Sie dann das Gemüse aus. Gemüseschalen oder Kräuterstängel eignen sich übrigens auch zum Mitkochen.

GRUNDREZEPT GEMÜSEBRÜHE

Eine gute Basis für Suppen und Risotto. Brühen sind sehr vielseitig – fügen Sie ein paar Wiesenchampignons hinzu, um den Geschmack kräftiger zu machen.   Ergibt 1–2 l.

3 Karotten	1 EL Olivenöl
2 Selleriestangen	3 frische Thymianzweige
2 Zwiebeln	2 Lorbeerblätter
1 Porree	Stiele von 1 kleinen Bund frischer Petersilie
1 Knoblauchknolle	1 TL schwarze Pfefferkörner

Das Gemüse putzen und grob schneiden. Das Öl in eine große tiefe Pfanne geben und erhitzen. Das Gemüse zugeben und bei mittlerer Hitze anbräunen. Die restlichen Zutaten zufügen, alles mit Wasser bedecken und aufkochen. Auftretenden Schaum abschöpfen. Die Hitze reduzieren und 40 Minuten sanft köcheln lassen; das Gemüse sollte danach sehr weich sein. Durch ein sehr feines Sieb in eine Schüssel abseihen und abkühlen lassen. Feste Kochteile im Sieb wegwerfen. Die Brühe im Kühlschrank aufbewahren oder einfrieren.

ASIATISCHE GEMÜSEBRÜHE

Eignet sich zum Herstellen von Currys oder anderen asiatischen Gerichten oder als Grundlage für eine leichte Suppe mit pochiertem Gemüse und Reisnudeln.   Ergibt *etwa 2 l.*

1 EL Traubenkern- oder Pflanzenöl	**1 frische rote Chili**
3 Zwiebeln, grob gehackt	**1 kleine Handvoll Pilzstiele**
2 Karotten, grob gehackt	**25 g Korianderwurzeln (oder die Stängel von**
2 Selleriestangen, grob gehackt	**einem Bund Koriander), abgespült**
2 Knoblauchknollen, quer halbiert	**1 TL schwarze Pfefferkörner**
8-cm-Stück Ingwerwurzel, in feine	**1 Sternanis**
Scheiben geschnitten	**2 EL Sojasauce**
6 Stängel Zitronengras, zerstoßen	

Das Öl in einer großen Pfanne erhitzen. Zwiebeln, Karotten, Sellerie, Knoblauch und Ingwer zugeben und bei mittlerer Hitze 10 Minuten sautieren. Die restlichen Zutaten zufügen, mit kaltem Wasser bedecken und aufkochen. Die Hitze reduzieren und alles 40 Minuten sanft köcheln lassen. Durch ein sehr feines Sieb in eine Schüssel abgießen und die festen Kochteile im Sieb wegwerfen. Die Brühe abkühlen lassen und im Kühlschrank oder im Gefrierfach aufbewahren.

Tipp Sie können auch folgende Zutaten verwenden: Orangen- oder Limettenschale, Tomaten, Sojasauce, Tamarinde, Zimtstangen, Kardamomkapseln oder Fenchelgrün. Wenn Sie einen kräftigeren Geschmack lieben, geben Sie die Brühe nach dem Abseihen wieder in einen Topf und lassen Sie sie um ein Drittel ihres Volumens einkochen.

ENTSPRECHUNGEN UND PORTIONEN

Falls Sie mal keine Küchenwaage zur Hand haben, können Sie anhand der folgenden Tabelle die Gewichte einiger Lebensmittel abschätzen.

Lebensmittel	Menge/Gewicht	entspricht/ergibt/Portionen
Apfel	1 mittelgroßer	etwa 175 g
	1 großer Apfel	etwa 220 g
Avocado	1 mittelgroße	etwa 200 g (grün)/etwa 180 g (schwarz)
Fischfilet	200–250 g	1 Portion
Fleisch	200–250 g	1 Portion
Garnelen (ungeschält)	500 g	ergibt etwa 250 g geschälte Garnelen
Gemüse (als Beilage)	200 g	1 Portion
Ingwer, frischer	5-cm-Stück	2 TL geriebener Ingwer
Karotte	1 große	100–120 g
Kartoffeln (ungeschält)	200–300 g	1 Portion
Limette	1 mittelgroße	1–2 EL Limettensaft/1 TL abgeriebene Schale
Paprika	450 g	2 große Paprika
Pilze, getrocknete	10 g	100 g frische Pilze
Reis, ungekochter	50 g	ergibt 150 g gekochten Reis
Suppe	250 ml	1 Portion als Vorspeise, 400 ml pro Person als Hauptspeise
Tomate, frische	1 mittelgroße	etwa 120 g
Zitrone	1 mittelgroße	3–4 EL Zitronensaft/1 EL abgeriebene Schale
Zwiebeln	450 g	4 mittelgroße Zwiebeln

BACKOFENTEMPERATUREN

Temperatur	Gasstufen	relative Temperaturentwicklung
110 °C	1/4	lauwarm
120 °C	1/2	lauwarm
140 °C	1	mäßig warm
150 °C	2	mäßig warm
160 °C	3	warm
180 °C	4	warm
190 °C	5	mäßig heiß
200 °C	6	mäßig heiß
220 °C	7	heiß
230 °C	8	sehr heiß

KLEINE LEBENSMITTELKUNDE

Wenn Sie Ihren Vorratsschrank ein wenig erweitern wollen, empfehle ich auf jeden Fall einen guten Essig, einige Olivenöle und eine kleine Flasche Trüffelöl.

Ich habe außerdem immer ein Paket Risottoreis, Graupen, Spaghetti und Reisnudeln im Vorrat, außerdem die wichtigsten Gewürze.

Im Kühlschrank lagere ich ein Stück Parmesan und eine Packung Miso. Mit diesen Zutaten sowie einigen frischen Gemüsesorten kann ich auf jeden Fall ein Gericht zusammenstellen.

Ich halte es für sinnvoll, Ihnen noch einige Erläuterungen zu den im Buch verwendeten Zutaten zu geben. Mir ist völlig klar, dass einige Zutaten nicht überall leicht erhältlich sind, aber machen Sie sich keinen Stress – ich habe jeweils Alternativen angegeben.

SPROSSEN

Sprossen mag ich sehr gern. Es gibt unzählige verschiedene Sorten von Kresse und Sprossen, z. B. von Shiso oder Koriander. Sie schmecken frisch und kräftig und eignen sich mit ihren leuchtenden Farben perfekt zum Garnieren. Bioläden und Reformhäuser bieten eine reiche Vielfalt davon an, sie sind mittlerweile aber in immer größerer Auswahl auch in Supermärkten erhältlich. Sie können natürlich auch mit wenig Aufwand Ihre eigenen Sprossen ziehen.

Mit Sprossen kann man Kräuter ersetzen; denken Sie aber daran, dass das Aroma der Sprossen zum Gericht passen muss.

Thai-Basilikum Dieses Kraut ist feinblättrig und hat violette Stängel und Blüten. Es verströmt einen charakteristischen Anisduft und wird dieses speziellen Aromas wegen eingesetzt.

Koriander Kaufen Sie Koriander am besten mit den Wurzeln, denn diese haben ein intensives Aroma. Wenn die Wurzeln nicht gleich verwendet werden, sollte man sie abspülen, trocken tupfen und ins Gefrierfach geben. Falls Sie keinen Koriander mit Wurzeln finden, verwenden Sie einige Blätter zusätzlich.

ZUTATEN AUS DER ASIATISCHEN KÜCHE

Asia-Shops findet man immer häufiger, und dies nicht nur in den Städten. Falls Sie keinen in Ihrer Nähe haben, fragen Sie doch einfach in Ihrem liebsten asiatischen Restaurant nach, wo die Köche ihre Zutaten kaufen, oder bestellen Sie online. Ich liebe Asia-Shops, ich entdecke gern neue Zutaten. Hier sind einige meiner liebsten Lebensmittel aus der Asienküche:

Süße thailändische Chilisauce Bei dieser Sauce werde ich schwach! In meinem Kühlschrank steht immer eine Flasche.

Shaoxing Shaoxing ist chinesischer Reiswein, der aus Klebreis, Hefe und Wasser hergestellt wird. Er hat einen kräftigen, aber weichen Geschmack und aromatisiert Pfannengerichte und Geschmortes. Sie können ihn auch durch einen trockenen Sherry ersetzen. Shoaxing ist in unterschiedlicher Qualität erhältlich.

Brauner Kandiszucker Kandiszucker sieht aus wie Edelstein! Er ist aromatischer als normaler Streuzucker und verleiht Geschmortem und Saucen einen schönen Glanz.

Palmzucker Palmzucker wird aus dem Pflanzensaft der Palme gewonnen. Seine Süße ist leicht cremig und karamellartig. Palmzucker schmeckt köstlich in süßsauren thailändischen Dressings. Er ist in Tiegeln oder als kleine Platte erhältlich.

Mirin Der japanische Reiswein Mirin verleiht herzhaften Gerichten leichte Süße. Ersetzen Sie ihn durch süßen Sherry oder Honig.

Hochwertiger Essig ist meine Leidenschaft. Auch wenn er etwas mehr kostet – es lohnt sich, denn Essig ist ein großartiger Aromaspender.

Weinessige aus Chardonnay und Cabernet Sauvignon schmecken großartig; ich empfehle Ihnen, dabei nicht auf den Preis zu schauen. Ersatzweise können Sie auch anderen hochwertigen Rotwein- oder Weißweinessig verwenden.

Balsamico-Essig wird mit zunehmender Reife teurer, aber das ist vollkommen nachvollziehbar. Probieren Sie einmal einen 12 Jahre gereiften Balsamico – er schmeckt wie Nektar! Träufeln Sie ihn über reife Feigen, dazu ein wenig Ricotta und ein Hauch Zitrone und ein Spritzer Olivenöl – köstlich!

Preiswerten Balsamico können Sie auch zu einem Sirup einkochen, dann schmeckt er intensiver.

SALZ UND PFEFFER

Ich verwende am liebsten Meersalz. Schwarzen Pfeffer mahle ich stets frisch mit der Mühle.

OLIVENÖL

Die Investition in verschiedene Olivenöle lohnt sich – kaufen Sie ein mildes zum Kochen und ein kräftigeres, fruchtiges für Dressings und zum Beträufeln. (Es gibt einige hervorragende griechische Olivenöle!)

Register

DANKSAGUNG

Mein Dank gilt Muna und Kyle, die mich gefragt haben, ob ich ein Buch schreiben möchte – ein Traum ist damit für mich wahr geworden.

Ich danke Danielle, meiner Lektorin, die meinen Traum durch ihre engagierte Arbeit wahr gemacht hat. Sie hat sich geduldig meine Ideen angehört und sie wunderbar umgesetzt. Mit ihrer sanften, aber bestimmten Unterstützung hat sie mich motiviert und inspiriert. Aber vor allem hat sie mich verstanden!

Als Danielle mir die ersten Seiten dieses Buchs geschickt hat, war ich unglaublich stolz und sogar ein wenig gerührt. Ich konnte nicht fassen, dass dieses schöne Buch wirklich meins sein sollte. Ich hätte es nicht schreiben können, wenn die folgenden Personen nicht gewesen wären:

Jonathan Gregson – ein begnadeter Fotograf. Er hat meine Rezepte mit seinen herausragenden Bildern zum Leben erweckt. Er ist eine wahre Inspiration; er ist Perfektionist und übt seinen Beruf mit Leib und Seele aus. Genau wie Annie Rigg, die Food-Stylisten (und ihr Hund Mungo). Annie hat meine Rezepte mit großer Präzision umgesetzt. Vielen Dank an euch beide für eure Geduld, euer Verständnis und eure Arbeit!

Dank an Liz Belton, die jedes Rezept gelesen und so wunderschöne Dekorationen dafür ausgesucht hat – sie ergänzen jedes Gericht perfekt.

Dank an Jane Humphrey, die meine Vorstellungen aufgegriffen und wunderschön gestalterisch umgesetzt hat, und an Anne Newman, die akribisch jedes Rezept überprüft hat!

Mein persönlicher Dank gilt allen Köchinnen und Köchen, mit denen ich in den vergangenen 20 Jahren arbeiten durfte. Ihr wart mir eine wahre Inspirationsquelle.

Ein besonderes Dankeschön geht an alle Köchinnen und Köche aus dem Delfina's; es war eine wunderbare Zeit! Leider kann ich aus Platzgründen nicht alle eure Namen nennen.

Danke an Annabelle dafür, dass sie geduldig einige Rezepte ausprobiert hat, und an Stephanie, meine Mentorin und Freundin. An Danny Boy, für die nie endende Unterstützung und Begeisterungsfähigkeit: Du bist einfach der Beste! An Christine Mansfield, die mir die Idee für die *Weiche Baiserrolle* von Seite 120 gab.

Dank an alle meine Freunde, für ihren Enthusiasmus und ihre Unterstützung, und vor allem an meine beste Freundin Allison, für das permanente Ermutigen und für das selbst gezogene Gemüse, mit dem ich experimentieren durfte.

Nicht zuletzt danke ich meinen Eltern dafür, dass sie immer an mich geglaubt haben.

Mit eurer Hilfe war es möglich, dieses Buch zu verwirklichen. xx